# はしがき

　所有者がわからない土地が生ずる要因の一つに不動産登記制度の問題があるとすれば、それを検討し、制度の改善を図らなければならない。それと共に、所有者の全部または一部がわからない土地の管理や、場合によっては処分の在り方も検討の必要がある。さらに、土地の所有を続けることに困難があり、所有することを止めたいとする権利者の意向にどう応えるか、という問題も悩ましい。

　現代社会が直面する土地をめぐる諸問題は、土地政策の全般を調査審議する国土審議会の土地政策分科会において、2017年秋から特別部会を設置して検討が進められている。これと併行して、「登記制度や土地所有権の在り方等の中長期的課題」についても検討する必要があり（2018年3月20日の参議院法務委員会における上川陽子法務大臣の所信表明）、2017年10月、「登記制度・土地所有権の在り方等に関する研究会」が金融財政事情研究会に設置された。

　月に一回の頻度で会議を催してきたこの研究会の中間段階の成果として、このたび作成されたものが、「中間取りまとめ」である。

　これを紹介する本書は、したがって、まず第1章において、「これまでの議論の概要」として、中間取りまとめの本文とその解説を中心的な内容とする。これにくわえ、研究会の調査審議の様子を伝えるため、雑誌『月刊　登記情報』に掲載された各回の紹介である「研究会だより」を収めている。第2章は「資料」であり、金融財政事情研究会のウェブサイトに掲げられてきた各回の議事要旨と研究会資料からなる。いずれも、本書制作までに催された第7回会議までのものである。ウェブサイトにおける掲出は今後も保たれるが、読者におかれては、本書により書面媒体による活用もいただきたい。

　中間取りまとめにおいては、多岐にわたる論点が取り上げられている。

　「第2　登記制度の在り方」においては、まず、「1　相続等の発生を登記に反映させるための仕組み等」が検討された。日本の民法において物権変動が登記を効力要件としないで対抗要件としていることが問題ではないか、という指摘がときにされるが、売買による権利変動はともかくとして、相続によるそれについて登記を効力要件とする、ということは、すこし考え込ませる側面があろう。(1)

対抗要件主義の検証」として、ひきつづき検討が待たれる。

「(2) 相続登記等の義務化の是非」においては、相続登記を義務化すべきか、が検討される。相続登記といってもどのような登記か、また、義務化といっても実効性の点などで課題がないか、など論点は多い。関連して登記官が職権で登記をするという方策も考えられるが、それではむしろ登記申請が励行されないものではないか、という心配もないではない。

「2 変則型登記の解消」においては、登記名義人や特に表題部所有者として適切に氏名（個人の場合）または名称（法人の場合）およびそれらの住所が登記されていない事案が観察される実態を確認したうえで（たとえば「誰外何名」と表題部所有者が登記されている土地）、その解消方策が検討される。

「3 登記手続の簡略化」は、実体に符合する登記が適時に申請されることの障害となっている登記手続上の障害を除き、または減ずる方策が検討される。相続による登記手続の簡略化（法定相続分による登記をした後で遺産分割がされると、持分の移転の登記をすることになるが、そこに種々の不便があるのではないか）、時効取得を原因とする登記手続の簡略化（共同申請をしようとしても登記義務者の所在が知れない事例が多い）、既にされている権利に関する登記の抹消手続の簡略化（不動産登記法70条が定める仕組みに限界や課題はないか）などが主要な論点となる。

登記制度の関係では、最後に「4 登記の公開の在り方等」も取り上げられており、登記簿と戸籍との情報連携などを視野に入れつつ登記名義人や表題部所有者の特定の方法が検討される。住所などが登記簿により公に知れることを忌避したい事情がある人々もおり、個人情報に関する国民の意識の高まりを踏まえた登記の公開の在り方を考えなければならない。

あと一つの中間取りまとめの大きな柱は、「第3 土地所有権等の在り方」である。

まず、「1 土地所有権の民事基本法制上の位置付け」において、土地所有権の在り方に関する基本的な認識が述べられる。すなわち、法務省や他の府省が所掌する各施策領域において、土地基本法の公共の福祉優先の基本理念や各種法令で定められる土地所有者の責務に基づき、社会経済情勢の変化に合わせ、所有権に対する適切な制約の在り方が追求されることを民事基本法制が妨げるものでは

ないことが、明らかにされる。

そのうえで、「2　土地を手放すことができる仕組み等」において、土地所有権の放棄の是非、放棄された土地の帰属先、さらにみなし放棄制度の導入の是非をめぐる議論が整理されている。いったい、どのような場合において権利者が土地の所有を止めたいという意向を受け容れるかは、いずれにしても、法解釈に委ねるということではなく、法令において要件や手順が明確にされることが望ましいであろう。

所有権の在り方と共に「3　土地利用の円滑化を図る仕組み」も問われる。

まず、「(1)　相隣関係の在り方」において、民法制定このかた本格的な見直しがされていない相隣関係規定の現代化が追求される。隣地使用権の規定はあるけれど（民法209条）隣地所有者が所在不明である場合に関する規律が明確でない、民法には境界標を設置する費用の分担などの規定はあるけれど（同法224条など）肝心の所有権の境界そのものを見定める指針を示す規定を欠く、上下水道や電気・電話などライフラインの導管を設置のために隣地を使用するルールを定める規定がない（同法210条・220条などの類推解釈という工夫で賄っている）、隣地の竹木の根が境界線を越えるときは自力で切除することができるのに対し枝は竹木所有者に対し切除を請求しなければならないという規律（民法233条）に合理性があるか、などが論点である。

つぎに、「(2)　共有地の管理等の在り方」という論点が取り上げられる背景には、共有には機関がないが、それでよいか、という問題意識がある。会社には取締役が、組合には業務執行者が、建物区分所有には管理者がいる。民法249条以下の共有は共有者間の「過半数で決する」こと（民法252条）や「協議」（同法258条1項）という契機が想定されているにもかかわらず、それらをコーディネートする役割の者が法制上想定されていない。それが所有者不明を助長する側面があるかどうかを見究め、法制上適切な方策があればそれを明らかにすることが望まれる。

さらに、「(3)　財産管理制度の在り方」は、不在者の財産の管理と相続財産の管理を取り上げる。不在者の財産の管理は、あくまでも趣旨は不在者の財産の全体を看る制度であるから、その者の財産の全貌を確かめる手順を要する。東日本大震災の際、復興のための用地取得においては、この点の運用の工夫が求められ

た。相続財産の管理も、基本は異ならない。今後、不在者などの財産の一部を管理する仕組みを創設することが考えられるかどうか、そこに一つの宿題がある。

　この研究会において調査審議を進めている諸問題を政府全体の施策のなかに位置づけるならば、そのほとんどは、所有者不明土地問題の解決と何らかの関わりをもつ。所有者不明土地問題について、政府には関係閣僚会議が設けられ、各府省が取り組むべき事項の指針が示されている（所有者不明土地等対策の推進のための関係閣僚会議、2018年1月19日、同年6月1日）。

　こうした情勢を踏まえ、この研究会は、その最終的な取りまとめを2018年度中に行うことを目途として、今後も調査審議を続けていくことになる。

　金融財政事情研究会は、この研究会の設置および運営に力を貸してくださり、とくにその登記情報編集室に御世話をいただいてきた。本書の制作も、登記情報編集室の稲葉智洋氏および堀内亮氏の尽力による。

登記制度・土地所有権の在り方等に関する研究会　座長
早稲田大学大学院法務研究科教授　　山野目　章夫

# 目　次

はしがき…………………………………………………………………………………… i

## 第1章　登記制度・土地所有権の在り方等に関する研究会中間取りまとめ　〜中間取りまとめの解説とこれまでの議論の概要〜

登記制度・土地所有権の在り方等に関する研究会中間取りまとめ………………… 2
「登記制度・土地所有権の在り方等に関する研究会中間取りまとめ」の概要…… 15
研究会だより①…………………………………………………………………………… 26
研究会だより②…………………………………………………………………………… 29
研究会だより③…………………………………………………………………………… 32
研究会だより④…………………………………………………………………………… 36
研究会だより⑤…………………………………………………………………………… 39
研究会だより⑥…………………………………………………………………………… 42
研究会だより⑦…………………………………………………………………………… 45

## 第2章　資料　〜研究会資料と議事要旨〜

登記制度・土地所有権の在り方等に関する研究会　第1〜7回の議題…………… 50
第1回会議　議事要旨…………………………………………………………………… 51
研究会資料1（本研究会の検討事項について）……………………………………… 53
第2回会議　議事要旨…………………………………………………………………… 55
研究会資料2（対抗要件主義の検証について）……………………………………… 57
第3回会議　議事要旨…………………………………………………………………… 65
研究会資料3−1（登記の義務化の是非について）………………………………… 68
研究会資料3−2（土地所有権の「強大性」について）…………………………… 74
第4回会議　議事要旨…………………………………………………………………… 76
研究会資料4−1（変則型登記の解消について）…………………………………… 79
研究会資料4−2（土地所有権の放棄について）…………………………………… 82
第5回会議　議事要旨…………………………………………………………………… 85
研究会資料5−1（相隣関係の在り方について）…………………………………… 88
研究会資料5−2（登記手続の簡略化について⑴）………………………………… 92
第6回会議　議事要旨…………………………………………………………………… 97
研究会資料6−1（財産管理制度の在り方について）………………………………101
研究会資料6−2（登記手続の簡略化について⑵）…………………………………107

第7回会議　議事要旨……………………………………………………………………… 111
研究会資料7-1（共有の在り方について）…………………………………………… 114
研究会資料7-2（登記の公開の在り方等について）………………………………… 125

# 第1章

## 登記制度・土地所有権の在り方等に関する研究会 中間取りまとめ
～中間取りまとめの解説とこれまでの議論の概要～

登記制度・土地所有権の在り方等に関する研究会

中間取りまとめ

平成30年6月

登記制度・土地所有権の在り方等に関する研究会

## 第1 中間取りまとめの趣旨

　　近年，不動産登記簿等の所有者台帳により所有者が直ちに判明せず，又は判明しても連絡がつかないため，所有者を特定することが困難となっている土地（以下「所有者不明土地」という。）の存在が，様々な場面で問題となっている。そして，この問題を契機として，社会経済情勢の変化に伴い，相続による登記が未了のまま放置されている土地（以下「相続登記未了土地」という。）が増加し，不動産登記制度の公示機能が低下しているのではないか，土地所有権等に関する民法の規律が必ずしも社会の変化に適合していないのではないかといった，登記制度や土地所有権の在り方等の根幹に関わる指摘がされている。

　　政府においては，「経済財政運営と改革の基本方針２０１７」（平成29年6月9日閣議決定）等で，「今後，人口減少に伴い所有者を特定することが困難な土地が増大することも見据えて，登記制度や土地所有権の在り方等の中長期的課題については，関連する審議会等において速やかに検討に着手」することとされた。また，平成30年1月19日には，関係行政機関の緊密な連携の下，総合的な対策を推進するため，「所有者不明土地等対策の推進のための関係閣僚会議」が開催されるなど，政府一体となって，所有者不明土地問題の解消に向けた取組がされているところである。

　　本研究会は，登記制度や土地所有権の在り方等の中長期的課題について，主に民事基本法制の視点からその論点や考え方等を整理することを目的として立ち上げられ，鋭意検討を進めてきた。

　　本中間取りまとめは，現段階における検討の方向性を取りまとめたものである。

## 第2 登記制度の在り方
### 1 相続等の発生を登記に反映させるための仕組み等
(1) 対抗要件主義の検証
　　ア 検討事項
　　　民法上，不動産物権変動は当事者の意思表示のみによって生じ，不動産登記は物権変動の対抗要件とされている（対抗要件主義）ことが，所有者不明土地の発生の要因の一つであるという指摘がある。このような指摘を踏まえ，現行法上対抗要件主義が果たしている役割や課題について検証するとともに，不動産登記を物権変動の効力要件とする効力要件主義を採用することの是非について検討することとした。
　　イ 検討の方向性
　　　（対抗要件主義の検証）
　　　対抗要件主義の下においても，売買契約等の意思表示による物権変動の場面では，買主等は自己の権利を保全するために登記をすることが事実上強制されており，これにより，実体法上の権利関係を不動産登記に反映させる仕組みとなっているとの指摘があった一方で，登記を具備しなくとも第三者に対抗することができるとされ，登記へのインセンティブが働かない相続等の場面があるため，実体法上の権利関係を不動産登記に反映するための方策を検討していく必要がある

との意見があった。
　そこで，登記を具備しなくとも第三者に対抗することができるとされ，登記へのインセンティブが働かない場面について，丁寧な検証を進め実体法上の権利関係を不動産登記に反映するための方策を検討することとする。
（効力要件主義の採用）
　効力要件主義を採用した場合には，売買契約等の意思表示による物権変動の場面では，不動産登記と実体法上の権利関係とが基本的に一致することになるが，相続等の意思表示によらない物権変動の場面では，死亡等の一定の事実に基づいて登記とは無関係に物権変動が生ずることから，登記と実体法上の権利関係との不一致が生じることとなる。そのため，効力要件主義を採用した場合であっても，相続登記が直ちに促進されるわけではないことから，効力要件主義を採用することによる効果については慎重に検討する必要があるとの意見があった。
　また，対抗要件主義を前提に様々な制度が構築されている現状を踏まえると，効力要件主義を採用するに当たっては，現行法における実務上の各種工夫（譲渡担保など）への影響や，建物，動産及び債権等の取扱い，民法第94条第2項の類推適用を認める判例法理との関係，民事手続上の観点からの検討も必要であるとの意見があった。
　そこで，効力要件主義の採用の是非については，これを採用することによる法制的・社会的な影響や，これを採用することにより得ることのできる効果等を踏まえて，引き続き検討することとする。
(2)　相続登記等の義務化の是非
　ア　検討事項
　　現在，権利に関する登記の申請は，契約の相手方等に対する私法上の義務として強制されることがあるものの，国に対する公法上の義務としては強制されていない。これについて，相続登記未了土地の存在が社会問題化していることを受け，相続による登記等の申請を義務化すべきであるとの指摘があることから，相続登記等の義務化の是非について検討することとした。また，登記官が職権で相続登記等を行うことの是非についても，登記簿と戸籍等との連携等も視野に入れて，検討を行うこととした。
　イ　検討の方向性
　　（相続登記等の義務化の是非）
　　権利に関する登記の義務化について，対抗要件主義は，必ずしも登記の申請の義務化を妨げるものではないが，対抗要件主義の下で登記申請へのインセンティブが働く売買契約等の取引の場面ではなく，そのインセンティブが働かない相続等の場面に焦点を当てて制度設計してはどうかとの意見があった。
　　もっとも，仮に登記申請を義務化した場合であっても，登記名義人が死亡しており，その相続人等が申請義務に違反していることを把握することは実際上困難であるほか，仮に登記申請をしたことにより義務違反が判明するのであれば，義務違反の発覚を恐れてかえって登記申請がされなくなる等の懸念もあり，実効性の確保が重要な課題であるとの指摘があった。

そこで，相続登記等の義務化の是非については，実効性の確保の点等も踏まえて検討を進めることとする。
(職権による相続登記等の是非)
　登記官が職権で権利に関する登記を行うことの是非については，例えば，二重譲渡の場面で職権による登記を認めることとした場合には，当事者の申請による登記の先後をもって両者の優劣を決する対抗要件主義に抵触してしまうため，少なくともこうした場面については職権による登記を認めるべきではないとの意見があった。
　また，仮に登記申請義務を履行しない場合に職権による相続登記等を行うとした場合には，かえって登記申請がされなくなるおそれがあるほか，自分の情報は自分で管理するという観点からは，あくまで申請によることが原則であり，職権による相続登記等は例外的な場合とすべきであるとの意見があった。
　さらに，職権による登記を認めるとしても，その内容については，登記名義人の死亡の事実にとどめるべきとの意見がある一方，それでは数次相続が発生していることが登記簿上判明しないとの指摘があった。
　そこで，職権による相続登記等の是非については，その要件や適用場面等も含めて検討を進めることとする。
(戸籍等との情報連携)
　戸籍等との情報連携に関しては，積極的に活用して，住所情報を含む登記名義人の異動情報を登記記録に反映させることができないかとの意見があったが，情報連携の具体的方法については更に検討する必要があるとの指摘があった。
　そこで，今後，登記簿と戸籍等との連携による所有者情報を円滑に把握する仕組みの構築に向けて，検討を進めることとする。
(3)　以上のとおり，対抗要件主義の検証及び相続登記等の義務化の是非については，相続等が生じた場合に，その事実をどのようにして適切に登記に反映させるかという点が議論の中心になっており，重複する論点も多いため，今後，相続等の発生を登記に反映させるための仕組みの在り方という観点から，総合的に検討を進めることとする。

## 2　変則型登記の解消
(1)　検討事項
　所有者不明土地の要因の一つとして，表題部所有者の氏名及び住所が正常に登記されていない変則的な登記(以下「変則型登記」という。)(注)となっている土地の存在が指摘されている。変則型登記については，戸籍等の公的記録のみから所有者を特定することが困難であり，歴史的な経緯や管理状況等を詳細に調査しなければ所有者を特定することができないものが多く，公共事業等の円滑な実施を阻害する要因となる。また，変則型登記のままでは，所有権の保存の登記を申請することが困難であり(不動産登記法第74条第1項)，土地の取引等にも支障を来すこととなる。そこで，変則型登記を解消する方策について，検討することとした。
(注)　変則型登記の例

①表題部所有者欄に氏名のみが記録されており，その住所が記録されていない土地（氏名のみの土地），②「A外〇名」などと記録され，「A」の住所並びに他の共有者の氏名及び住所が記録されていない土地（記名共有地），③「共有惣代A」などと記録され，「A」の住所並びに他の共有者が記録されていない土地（共有惣代地），④「大字〇〇」等の大字名や集落名で記録されている土地（字持地）など

(2) 検討の方向性

　変則型登記となっている土地については，所有者を特定するために多大な費用や労力が必要である上，調査を尽くしても結局所有者の特定に至らず，取引をすることができない事例があるとの指摘があった。

　このような土地の中には，認可地縁団体の不動産登記申請の特例（地方自治法第２６０条の３８及び第２６０条の３９）を活用して変則型登記を解消することができるものもある。これを活用することができない場合には，例えば，記名共有地について，氏名が判明している「A」を被告とする訴訟を提起し，擬制自白とならないように被告に争わせるなどして，その土地が原告の所有に属することが証拠に基づいて認定された勝訴判決を得て，所有権の保存の登記を申請することができるとする先例があるものの，このような先例の取扱いは煩雑であるとの指摘があった。他方で，登記官が職権で表題部所有者の更正の登記をしようとしても，所有者を認定することができるまでの心証に至る疎明資料が乏しいとの指摘もあった。

　これらの指摘を踏まえ，訴訟によらずに，簡易に表題部所有者を確定させる手続を設ける必要があるとの意見や，登記官の職権による表題部所有者の更正の登記を行うための法制的な措置を講ずる必要があるとの意見があった。

　そこで，変則型登記を解消していくための方策について，必要な法制的な措置を講ずるため，具体的な仕組みを検討することとする。

## 3 登記手続の簡略化

(1) 検討事項

　所有者不明土地の要因の一つとして，登記手続の負担感が指摘されている。特に，そのことが問題となり得る類型として，相続による登記手続及び時効取得を原因とする登記手続の簡略化を検討することとし，併せて，既にされている権利に関する登記の抹消手続についても簡略化を検討することとした。

(2) 検討の方向性

（相続による登記手続の簡略化）

　相続による登記手続が進まない主たる原因の一つとして，遺産分割協議が成立しないことがあるが，相続登記の促進により，遺産分割前の法定相続分による相続登記が増加することも予想されることから，法定相続分による相続登記がされた後に遺産分割をした場合には，遺産分割により所有権を取得した者が，遺産分割を原因とする更正の登記を単独で申請することができるようにすべきであるとの意見があった。この他にも，遺贈や死因贈与等についても単独申請を認めるべきであるとの意見がある一方，共同申請主義の例外を認めることについては慎重な検討が必要

であるとの指摘もあった。
　そこで，共同申請主義との関係も踏まえつつ，相続登記による登記手続の簡略化について，引き続き検討を進めることとする。
（時効取得を原因とする登記手続の簡略化）
　占有者に取得時効が成立している場合であっても，時効取得を原因とする所有権の移転の登記をするには訴訟提起等が必要なことが多く，当事者にとっては手続的負担が大きいため，負担軽減が望まれる一方で，登記義務者の保護についても慎重な検討が必要であるとの意見があった。
　また，共同相続人の一部の者が被相続人名義の土地を長期間にわたり占有している場合において，その占有が自主占有と認められ，取得時効が成立するときについて，その時効取得を原因とする所有権の移転の登記手続の簡略化に当たっては，自主占有を認めるための事情に関する判例の考え方（最高裁昭和４７年９月８日判決民集２６巻７号１３４８頁等）について更に検討する必要があるほか，登記官がどのようにして時効取得の要件の充足を認定するかや，他の共同相続人の手続保障についての検討が必要であるとの指摘があった。
　さらに，登記義務者の所在が知れない場合の時効取得を原因とする所有権の移転の登記手続の簡略化については，公示催告の申立て及び除権決定を参考にした制度のほかに，訴訟法上の特別代理人のような制度や，支払督促のように異議があれば訴訟に移行する制度が考えられるとの意見があった。
　そこで，これらの点を中心として，取得時効を原因とする登記手続の簡略化について，引き続き検討を進めることとする。
（既にされている権利に関する登記の抹消手続の簡略化）
　既にされている権利に関する登記の抹消手続については，例えば，買戻期間満了後長期間経過した後もそのままになっている買戻しの特約の登記の抹消などで苦慮することが多いが，不動産登記法第７０条を見直し，担保権以外の権利に関する登記の抹消手続の簡略化や，登記名義人が法人である場合における「登記義務者の所在が知れない」との要件の意義等を検討すべきとの意見があった。
　そこで，今後，これらの点を中心として，既にされている権利に関する登記の抹消手続の簡略化について，検討を進めることとする。
　また，いずれの登記手続の簡略化についても，登記の真正の確保や登記義務者の手続保障等を図ることに留意しながら，登記手続をしやすくする方策の検討を進めることとする。

4　登記の公開の在り方等
　(1)　検討事項
　　登記簿と戸籍等との情報連携を視野に入れた登記名義人等の特定方法について検討するとともに，個人情報に関する国民の意識の高まりを踏まえた登記の公開の在り方について検討することとした。
　(2)　検討の方向性
　　登記名義人等の特定方法については，登記簿と戸籍等との連携による所有者情報

を円滑に把握する仕組みを構築するために、どのような方法によることが相当かとの観点から検討を進めることとする。また、個人情報に関する国民の意識の高まりを踏まえた登記の公開の在り方については、不動産に関する権利を公示するための制度であるという登記制度の目的等も踏まえつつ、引き続き検討することとする。

## 第3 土地所有権等の在り方
### 1 土地所有権の民事基本法制上の位置付け
(1) 検討事項

我が国においては、所有権の絶対性の観念が広く浸透しているため、土地所有権を制約する立法が困難であるなど、土地所有権が強大であることが、所有者不明土地の有効利用に当たっての障害となっているとの根強い見方があることから、土地所有権の「強大性」につき検討することとした。

(2) 検討の方向性

近代私法の基本理念の一つである所有権絶対の原則は、元来、所有権に対する公共の観点からの制約がありうることを前提としている。

現代においては、社会経済の複雑化に伴い、多様な利害の調整が要請されることから、所有権絶対の原則に対する公共の観点からの諸制約は、きわめて多岐にわたっており、特に、土地については、土地基本法が定める土地についての基本理念や土地の用途・特性を踏まえて、所有権に対する諸種の制約が法令で定められている。

民事基本法制において、所有権は、基本的な権利であるが、法令の制限内において自由に所有物の使用、収益、処分をする権利とされている（民法第206条）。所有権絶対の原則に関する前記理解を踏まえるならば、各施策領域において、土地基本法の公共の福祉優先等の基本理念や各種法令で定められる土地所有者の責務等に基づき、社会経済情勢の変化に合わせて、所有権に対する適切な制約の在り方が追求されることを民事基本法制が妨げるものではない。

以上については、本研究会として意見の一致を見たものであるが、今後は、上記の土地所有権の位置付けを踏まえ、民事における土地利用の円滑化の観点から、民事基本法制における下記の具体的論点についても検討を深めることとする。

### 2 土地を手放すことができる仕組み等
(1) 検討事項

所有者不明土地を防止する方策の一つとして、土地所有権の放棄を認めるべきではないかとの指摘がある。現行法上、土地所有権を一方的に放棄することができるかどうかについて、最高裁判例は見当たらず、見解も分かれているところであり、法制的な措置を講ずることを含め、土地所有権の放棄の是非について検討することとした。

そして、仮に土地所有権の放棄を認める場合には、放棄された土地の受け皿が問題となることから、放棄された土地の帰属先についても検討することとした。

さらに、所有者不明土地の中には、土地所有者が土地の管理を事実上放棄しているものも多く存在すると考えられることから、一定期間にわたり管理がされていな

い土地について所有権が放棄されたものとみなすといった，みなし放棄制度の導入の是非についても検討することとした。
(2) 検討の方向性
（土地所有権の放棄の是非）
　現行法上，土地所有権の放棄ができるかについては，放棄は可能であると解する見解もあるが，所有権は権利と義務の総体というべきものであり，所有者の意思で，一方的に放棄して義務を免れることができるとは解し難いとの意見や，仮に土地所有権を一方的に放棄できるとすると，民法第２３９条第２項により土地は国庫に帰属し，所有者の一方的意思表示で土地の管理費用等の負担を国に付け替えることができることになり不合理であることなどからすると，現行法上，所有者の単独の意思表示による土地所有権の放棄はできないと解すべきとの意見があった。
　また，土地所有権の放棄を可能とする立法措置を講ずるに当たっては，所有者が土地所有権を放棄してその経済的負担等を免れることを許容できる場合があるかを具体的に考えなければならず，放棄の要件，放棄された土地の帰属先などの実質的要件をまず検討する必要があるとの意見があった。
（放棄された土地の帰属先）
　放棄された土地所有権の帰属先については，国，地方公共団体，ランドバンク等の機関が考えられるが，いずれにするのが適切かは，財政負担の観点等から考える必要があるとの意見や，土地がいったん国庫に帰属した場合には，利用要望があったとしても法令の範囲内での対応が求められることから，帰属後の土地利用の在り方の観点を含めた議論が必要であるとの意見があった。
（みなし放棄制度の導入の是非）
　一定期間にわたり管理がされていない土地について，所有権が放棄されたものとみなす制度については，上記の意思表示に基づく放棄の議論と密接に関連することから，この議論を深めた上で，引き続き検討されるべきであるとの意見があった。
（検討の方向性）
　そこで，土地所有権の放棄を認めるには立法措置を講ずる必要があるという基本的な理解の下，土地所有者が一方的に管理責任を帰属先の機関に押し付けることがないような放棄の要件・手続の在り方や，民事における土地利用の円滑化に資する帰属先の機関の在り方につき，引き続き検討を進めるとともに，みなし放棄制度の導入の是非についても議論を深め，土地所有権を手放すことができる仕組み等の在り方につき，関係機関と連携して，国土政策や広い意味での公有財産政策等の幅広い観点から総合的に検討を進めることとする。

3　土地利用の円滑化を図る仕組み
(1) 相隣関係の在り方
　ア　検討事項
　　　相隣関係に関する規律の実質的内容は，明治２９年の民法制定時から変わっていないが，隣地所有者が所在不明である場合等に適切に対応できないことがある

との指摘がある。そこで，規律の現代化を含め，相隣関係の在り方について検討することとした。
　イ　検討の方向性
　　隣地使用権（民法第２０９条）については，隣地所有者が所在不明である場合に関する規律が明確でなく，測量や境界確定等のために隣地を使用する必要が生じたときの所有者探索等にかかる手続的負担が大きいことから，規律の見直しに向けた検討が必要であるとの意見があった。これに関連して，所有権の境界の画定に関する規律を設ける必要があるとの意見があった。
　　また，民法上，ライフラインの導管等の設置のための隣地使用の規定がなく，実務上，囲繞地通行権等の規定の類推適用により対応しているが，取扱いが定まっていないため，導管等の設置のための隣地使用について，規律の現代化・明確化に向けた検討が必要であるとの意見がある一方で，ライフラインについては各種の公法的規制があるため，これを踏まえて論点を整理していく必要があるとの指摘があった。
　　さらに，民法第２３３条において，隣地の竹木の根が境界線を越えるときは，自力で切除することができるが，枝については竹木所有者に対して切除を請求しなければならないとされていることに関し，管理が放棄された所有者不明土地の竹木の枝が隣地に伸びている場合に対応することができないため，規律の現代化を図る必要があるとの意見があった。
　　そこで，相隣関係の規律の見直しの在り方について，各種の公法的規制や外国法制を踏まえつつ，民事における土地利用の円滑化の観点から，引き続き検討を進めることとする。
(2)　共有地の管理等の在り方
　ア　検討事項
　　共有物の管理に関する事項は，各共有者の持分の価格に従い，その過半数で決することとされ，共有物の変更・処分は，共有者全員の同意を得ることが必要とされているが，土地共有者の一部が所在不明である場合には，適切に対応できないことがある。そこで，共有地の管理等の在り方について検討することとした。
　イ　検討の方向性
　　共有地の利用行為が，共有物の管理に関する事項や変更・処分に当たる場合において，共有者の一部が所在不明であるときは，その同意を得ることができないため，利用が困難になる上，相隣関係においても，隣地所有者が，共有者の一部が所在不明である共有地の利用を必要とするときに，共有の法律関係が問題となることがあり，民法の規律が現代的問題を処理しきれていないのではないかとの意見があった。
　　また，共有関係にあることによって弊害がある場合には共有物の分割によって共有関係を解消することが考えられるが，共有の解消を容易にするため，裁判による共有物分割の在り方のほか，裁判以外の共有の解消方法の在り方について検討する必要があるとの意見があった。

相続登記未了土地は，共有状態にあるものが多いと考えられることから，所有者不明土地問題の解決のためにも，土地の共有に関する規律の見直しは重要な課題であり，民事における土地利用の円滑化の観点から，共有地の管理等の在り方とともに，共有の解消方法等の在り方について，引き続き検討することとする。

(3) 財産管理制度の在り方
　ア　検討事項
　　財産管理制度（不在者財産管理制度・相続財産管理制度）は，所有者不明土地問題への対応策として，私人間の問題の解決や公共事業のための用地取得など，様々な場面で活用され，重要な機能を果たしている。他方で，財産管理制度は，不在者の財産全般又は相続財産全体を管理することとされているため，特定の財産についてのみ管理が必要な場合であっても，財産全体を管理することを前提とした事務作業や費用等の負担を強いられ，手続が長期化する要因となっているとの指摘がある。
　　そこで，このような指摘を踏まえ，財産管理の機能の向上を図る方策を検討することとした。
　イ　検討の方向性
　　所有者が不在等の場合にその財産の一部のみを管理する方策については，現在の財産管理制度の基本的な枠組みを維持しつつ，財産を管理する目的を踏まえ，必要に応じて不在者等の財産の一部を管理する仕組みを創設することが考えられるとの意見があった。他方で，不在者等の利益保護にも配慮することが必要であり，特に他人による利用や取得を目的として不在者の財産の一部を管理する仕組みを設けることについては慎重な検討が必要であるとの指摘があった。
　　また，財産管理人選任申立てを行うことができる者の範囲については，現行法上申立てが可能な「利害関係人」の意義を探究した上で，財産を管理する目的を踏まえ，その範囲の拡大の是非について引き続き検討することが必要であるとの意見があった。
　　そこで，財産管理制度の現在の運用の実態を踏まえ，不在者等の財産の一部を管理することができる仕組みの在り方や，申立権者の範囲の拡大の是非等，財産管理の機能を向上させる方策について，不在者等の利益保護についても配慮しながら，引き続き検討を進めることとする。

## 第4　今後の進め方

　本研究会の検討事項は，いずれも，国民の社会経済活動の基盤である民事基本法制の根幹に関わるものであり，幅広い観点から検討していく必要がある。
　その一方で，今後，高齢化や人口減少が進み，相続が繰り返される中で，所有者不明土地問題は更に拡大していくことが想定されるのであり，早急に論点や考え方等を整理し，具体的な対策を講じていかなければならない。
　本研究会は，こうした問題意識のもと，本年度中に，あるべき仕組みの構築に向けた検討の方向性や課題を提示する報告書をとりまとめることを目指して，研究を更に

加速させていくこととする。

登記制度・土地所有権の在り方等に関する研究会　委員名簿

(五十音順，敬称略)

座　長　山野目　章夫　　早稲田大学大学院法務研究科教授

　　　　沖野　眞已　　　東京大学大学院法学政治学研究科教授
　　　　垣内　秀介　　　東京大学大学院法学政治学研究科教授
　　　　加藤　政也　　　司法書士
　　　　金親　　均　　　東京法務局立川出張所長
　　　　佐久間　毅　　　同志社大学大学院司法研究科教授
　　　　水津　太郎　　　慶應義塾大学法学部教授
　　　　鈴木　泰介　　　土地家屋調査士
　　　　橋本　賢二郎　　弁護士
　　　　松尾　　弘　　　慶應義塾大学大学院法務研究科教授
　　　　山本　隆司　　　東京大学大学院法学政治学研究科教授

(関係官庁)

　　最高裁判所，国土交通省，農林水産省，林野庁，財務省，法務省

登記制度・土地所有権の在り方等に関する研究会　開催状況


第1回　　平成29年10月2日
　　議題(1)　本研究会の検討事項について
　　　　(2)　本研究会の進め方について

第2回　　平成29年12月19日
　　議題　対抗要件主義の検証について

第3回　　平成30年1月31日
　　議題(1)　近時の動向について
　　　　(2)　登記の義務化の是非について
　　　　(3)　土地所有権の強大性について

第4回　　平成30年2月23日
　　議題(1)　変則型登記の解消について
　　　　(2)　土地所有権の放棄について

第5回　　平成30年3月27日
　　議題(1)　相隣関係の在り方について
　　　　(2)　登記手続の簡略化について(1)

第6回　　平成30年4月23日
　　議題(1)　財産管理制度の在り方について
　　　　(2)　登記手続の簡略化について(2)
　　　　(3)　中間取りまとめの方向性について

第7回　　平成30年5月28日
　　議題(1)　共有の在り方について
　　　　(2)　登記の公開の在り方等について
　　　　(3)　中間取りまとめについて

# 「登記制度・土地所有権の在り方等に関する研究会中間取りまとめ」の概要

法務省民事局参事官　　大谷　太
法務省民事局付（民事第二課担当）　　佐藤丈宜

　近年、いわゆる所有者不明土地（不動産登記簿等の所有者台帳により所有者が直ちに判明せず、又は判明しても連絡がつかないため、所有者を特定することが困難となっている土地）の存在が、公共事業の用地取得や農地の集約化、森林の適正な管理等を始め、災害の復旧・復興事業の実施など、様々な場面で問題となっている。
　そして、この問題を契機として、相続による登記が未了のまま放置されている土地（相続登記未了土地）が増加し、不動産登記制度の公示機能が低下しているのではないか、あるいは土地所有権等に関する民法の規律が必ずしも社会の変化に適合していないのではないかといった、登記制度や土地所有権の在り方等の根幹に関わる指摘がされている。
　政府では、昨年6月9日に閣議決定されたいわゆる骨太方針2017等の基本方針において、「今後、人口減少に伴い所有者を特定することが困難な土地が増大することも見据えて、登記制度や土地所有権の在り方等の中長期的課題については、関連する審議会等において速やかに検討に着手」することとされた。
　このような情勢を踏まえ、登記制度や土地所有権の在り方等について、主に民事基本法制の視点からその論点や考え方等を整理することを目的として、山野目章夫早稲田大学大学院法務研究科教授を座長とする「登記制度・土地所有権の在り方等に関する研究会」（以下「研究会」という。）が立ち上げられた。研究会には、民事法・行政法の研究者、法律実務家、法務省・国土交通省を始めとする関係官庁が参画し、昨年10月以降、鋭意議論が進められている。
　本年1月19日には、関係行政機関の緊密な連携の下、総合的な対策を推進

するための「所有者不明土地等対策の推進のための関係閣僚会議」が開催され、登記制度・土地所有権の在り方等に関する検討については、本年6月までに、課題や論点を整理し、検討の方向性を骨太方針2018に反映できるよう、関係省庁が協力して議論することとされた。

　これを受けて、研究会は、第7回までの議論を踏まえ、本年6月1日、中間取りまとめを公表し、現時点における今後の検討の方向性について取りまとめたところである。本稿では、この中間取りまとめの概要について、紹介することとしたい。

　なお、意見にわたる部分は、もとより筆者らの私見である。


## 第1　登記制度の在り方
### 1　相続等の発生を登記に反映させるための仕組み等
#### (1)　対抗要件主義の検証

　民法上、不動産物権変動は当事者の意思表示のみによって生じ（民法第176条）、不動産登記は物権変動の対抗要件とされていること（民法第177条、対抗要件主義）が、所有者不明土地の発生要因の一つであるという指摘がある。このような指摘を踏まえ、対抗要件主義が果たしている役割や課題について検証するとともに、不動産登記を物権変動の効力要件とする効力要件主義を採用することの是非を検討することとし、第2回研究会を中心に議論がされた[注1]。

　研究会では、対抗要件主義については、売買契約等の意思表示による物権変動の場面では、実体法上の権利関係を不動産登記に反映させる仕組みとなっているとの指摘があった一方で、登記を具備しなくとも第三者に対抗することができるとされ、登記へのインセンティブが働かない相続等の場面について、実体法上の権利関係を不動産登記に反映するための方策を検討していく必要があるとの意見があった。

　中間取りまとめでは、登記を具備しなくとも第三者に物権変動を対抗することができる場面について、丁寧な検証を進め、実体法上の権利関係を不動産登記に

---

（注1）　議論の詳細については、研究会だより②（29頁）を参照。

反映するための方策を検討することとされている。

　また、効力要件主義の採用について、研究会では、意思表示による物権変動の場面では、登記と実体的法律関係との一致を図ることができるが、相続等の意思表示によらない物権変動の場面では、登記と実体的法律関係とが一致しない事態を直ちに防ぐことができるわけではないとの意見や、対抗要件主義を前提に構築されてきた各種制度への影響等についても検討が必要であるとの意見があった。

　そこで、中間取りまとめでは、効力要件主義を採用することによる法制的・社会的な影響や、得られる効果等を踏まえて、引き続き検討することとされている。

⑵　相続登記等の義務化の是非

　所有者不明土地の発生要因として、相続登記未了土地の存在があり、相続による登記等の申請を義務化すべきであるとの指摘がある。そこで、相続登記等の義務化や職権による相続登記等の是非を検討することとし、第3回研究会を中心に議論がされた(注2)。

　研究会では、権利に関する登記の申請の義務化については、対抗要件主義が必ずしも義務化を妨げるものではないが、対抗要件主義の下でも登記申請へのインセンティブが働かない相続等の場面に焦点を当てて検討してはどうかとの意見があった。その一方で、義務化をした場合であっても、登記申請をしたことによって義務違反の事実が発覚することになると、その発覚を恐れてかえって登記申請がされなくなる等の懸念もあり、実効性の確保が重要な課題であるとの指摘があった。

　また、職権による相続登記等は、例外的な場合とすべきであるとの意見があったほか、戸籍等との情報連携を積極的に活用して、登記名義人の異動情報を登記記録に反映させることができないかとの意見があった。

　これらの意見を受けて、中間取りまとめでは、相続登記等の義務化の是非について、実効性の確保の点等も踏まえて検討を進めることとされているほか、職権による相続登記等の是非や、登記簿と戸籍等との連携による所有者情報を円滑に把握する仕組みの構築に向けた検討を進めることとされている。

---

(注2)　議論の詳細については、研究会だより③（32頁）を参照。

(3) 今後の検討方針

以上のとおり、対抗要件主義の検証と相続登記等の義務化の是非は、いずれも、相続等が生じた場合に、その事実をどのようにして適切に登記に反映させるかという点が議論の中心となっている。中間取りまとめでは、今後は、相続等の発生を登記に反映させるための仕組みの在り方という観点から、これらの論点について、総合的に検討を進めることとされている。

## 2 変則型登記の解消

表題部所有者の氏名及び住所が正常に登記されていない変則的な登記（変則型登記）となっている土地が存在する。例えば、①表題部所有者欄に氏名のみが記録されており、その住所が記録されていない土地や、②「A外○名」や「共有惣代A」と記録され、他の共有者の氏名や住所が記録されていない土地（記名共有地・共有惣代地）、③「大字○○」等の大字名で記録されている土地（字持地）などである。

変則型登記については、戸籍等だけでは所有者を特定することが困難であり、歴史的な経緯や管理状況等を詳細に調査しなければ所有者を特定することができないことが多く、所有者不明土地の中でも所有者探索に特に費用や労力を要する類型の土地である。また、変則型登記のままでは、所有権の保存の登記を申請することが困難であり（不動産登記法第74条第1項）、土地の取引等にも支障を来すこととなる。そこで、変則型登記を解消するための方策について、第4回研究会を中心に議論がされた[注3]。

研究会では、変則型登記となっている土地について、訴訟によらずに、簡易に表題部所有者を確定させる手続を設ける必要があるとの意見や、登記官の職権による表題部所有者の更正の登記を行うための法制的な措置を講ずる必要があるとの意見があった。

そこで、中間取りまとめでは、変則型登記を解消していくための方策について、必要な法制的な措置を講ずるため、具体的な仕組みを検討することとされている。

---

(注3) 議論の詳細については、研究会だより④（36頁）を参照。

## 3　登記手続の簡略化

　所有者不明土地の発生要因の一つとして、登記手続に負担感があることが指摘されている。特に、そのことが問題となり得る類型として、相続による登記手続及び時効取得を原因とする登記手続の簡略化を検討するとともに、既にされている権利に関する登記の抹消手続についても簡略化を検討することとし、第5回研究会及び第6回研究会を中心に議論がされた(注4)。

⑴　相続による登記手続の簡略化について、研究会では、相続による登記手続が進まない主たる原因の一つとして、遺産分割協議が成立しないことがあるが、相続登記の促進により、遺産分割前の法定相続分による相続登記が増加することも予想されることから、法定相続分による相続登記がされた後に遺産分割を原因とする更正の登記を単独で申請することができるようにすべきであるとの意見があった。

　そこで、中間取りまとめでは、共同申請主義との関係も踏まえつつ、相続登記による登記手続の簡略化について、引き続き検討を進めることとされている。

⑵　また、時効取得を原因とする登記手続の簡略化について、研究会では、占有者に取得時効が成立している場合であっても、時効取得を原因とする所有権の移転の登記をするには訴訟提起等が必要なことが多く、手続的負担の軽減が望まれる一方で、登記義務者の保護についても慎重な検討が必要であるとの意見があった。また、登記義務者の所在が知れない場合の時効取得を原因とする所有権の移転の登記手続の簡略化について、公示催告の申立て及び除権決定を参考にした制度のほかに、訴訟法上の特別代理人のような制度や、支払督促のように異議があれば訴訟に移行する制度が考えられるとの意見があった。

　そこで、中間取りまとめでは、これらの点を中心として、時効取得を原因とする登記手続の簡略化について、引き続き検討を進めることとされている。

⑶　さらに、既にされている権利に関する登記の抹消手続の簡略化について、研究会では、例えば、買戻期間満了後長期間経過した後もそのままになっている買戻しの特約の登記の抹消などで苦慮することが多いことから、不動産登記法第70条を見直し、担保権以外の権利に関する登記の抹消手続の簡略化や、登記名義

---

（注4）　議論の詳細については、研究会だより⑤（39頁）及び研究会だより⑥（42頁）を参照。

人が法人である場合における「登記義務者の所在が知れない」との要件の意義の見直し等を検討すべきであるとの意見があった。

そこで、中間取りまとめでは、今後、これらの点を中心として、既にされている権利に関する登記の抹消手続の簡略化について、検討を進めることとされている。また、いずれの登記手続の簡略化についても、登記の真正の確保や登記義務者の手続保障等を図ることに留意しながら、登記手続をしやすくする方策の検討を進めることとされている。

### 4　登記の公開の在り方等

第7回研究会を中心に、登記簿と戸籍等との情報連携を視野に入れた登記名義人等の特定方法や個人情報に関する国民の意識の高まりを踏まえた登記の公開の在り方について議論がされた(注5)。

中間取りまとめでは、登記名義人等の特定方法については、登記簿と戸籍等との連携による所有者情報を円滑に把握する仕組みを構築するために、どのような方法によることが相当かとの観点から検討を進めることとされている。また、登記の公開の在り方については、不動産に関する権利を公示するための制度であるという登記制度の目的等も踏まえつつ、引き続き検討することとされている。

## 第2　土地所有権等の在り方

### 1　土地所有権の民事基本法制上の位置付け

我が国においては、所有権の絶対性が過度に強調され、土地所有権を制約する立法が困難であるなど、土地所有権の「強大性」が、所有者不明土地の有効利用の阻害要因となっているとの指摘がある。そこで、土地所有権の「強大性」について、第3回研究会を中心に議論がされた(注6)。

中間取りまとめでは、①所有権絶対の原則は、元来、公共の観点からの所有権への制約があり得ることを前提としており、現代においては、社会経済の複雑化に伴い、特に、土地所有権について、土地基本法が定める公共の福祉優先等の基

---

(注5)　議論の詳細については、研究会だより⑦（45頁）を参照。
(注6)　議論の詳細については、研究会だより③（32頁）を参照。

本理念や土地の用途・特性を踏まえた法令上の各種制約があること、②所有権は民事基本法制における基本的な権利であるが、法令の制限内において所有物の使用、収益、処分をする権利とされていること（民法第206条）、③所有権絶対の原則に関する上記の理解を踏まえるならば、各施策領域において、土地基本法の基本理念や各種法令で定められる土地所有者の責務等に基づき、社会経済情勢の変化に合わせて、所有権に対する適切な制約の在り方が追求されることを民事基本法制が妨げるものではないことが確認された。

　また、今後は、上記の土地所有権の位置付けを踏まえ、民事における土地利用の円滑化の観点から、民事基本法制における下記の具体的論点についても検討を深めることとされている。

## 2　土地を手放すことができる仕組み等

　所有者不明土地の発生を防止する方策の一つとして、土地所有権の放棄を認めてはどうかとの指摘がある。そこで、法制的な措置を講ずることを含め、土地所有権の放棄の是非について検討することとし、あわせて、土地所有権の放棄を認めた場合に放棄された土地の帰属先についても検討することとした。また、所有者不明土地の中には、土地所有者が土地の管理を事実上放棄しているものも多く存在すると考えられることから、一定期間にわたり管理がされていない土地について所有権が放棄されたものとみなすといった、みなし放棄制度の導入の是非についても検討することとした。これらの点については、第4回研究会を中心に議論がされた[注7]。

　研究会では、現行法上、土地所有権の放棄は可能であると解する見解もあるが、所有権は権利と義務の総体というべきものであり、所有者の意思で、一方的に放棄して義務を免れることができるとは解し難いとの意見や、仮に土地所有権を一方的に放棄できるとすると、民法第239条第2項により土地は国庫に帰属することとなり、土地の管理費用等の負担を国に付け替えることができることになって不合理であるとの意見があった。

　これらの意見を受けて、中間取りまとめでは、土地所有権の放棄を認めるには

---

（注7）　議論の詳細については、研究会だより④（36頁）を参照。

立法措置を講ずる必要があるという基本的な理解の下、土地所有者が一方的に管理責任を帰属先の機関に押し付けることがないような放棄の要件・手続の在り方や、民事における土地利用の円滑化に資する帰属先の機関の在り方について、引き続き検討を進めることとされている。また、みなし放棄制度の導入の是非についても議論を深め、土地所有権を手放すことができる仕組み等の在り方について、関係機関と連携して、国土政策や広い意味での公有財産政策等の幅広い観点から総合的に検討を進めることとされている。

## 3 土地利用の円滑化を図る仕組み

### (1) 相隣関係の在り方

相隣関係に関する規律の実質的内容は、明治29年の民法制定時から変わっていないが、隣地所有者が所在不明である場合等に適切に対応できないことがあるとの指摘がある。そこで、規律の現代化を含め、相隣関係の在り方について検討することとし、第5回研究会を中心に議論がされた(注8)。

研究会では、隣地使用権（民法第209条）については、隣地所有者が所在不明である場合に関する規律が明確でなく、測量や境界確定等のために隣地を使用する必要が生じたときの所有者探索等にかかる手続的負担が大きいことから、規律の見直しに向けた検討が必要であるとの意見があった。これに関連して、所有権の境界の画定に関する規律を設ける必要があるとの意見があった。

また、民法上、ライフラインの導管等の設置のための隣地使用の規定がなく、取扱いが定まっていないため、規律の現代化・明確化に向けた検討が必要であるとの意見がある一方で、ライフラインについては各種の公法的規制があるため、これを踏まえて論点を整理していく必要があるとの指摘があった。

さらに、隣地の竹木の根が境界線を越えるときは、自力で切除することができるが、枝については竹木所有者に対して切除を請求しなければならないとされていること（民法第233条）に関し、管理が放棄された所有者不明土地の竹木の枝が隣地に伸びている場合に対応することができないため、規律の現代化を図る必要があるとの意見があった。

---

（注8） 議論の詳細については、研究会だより⑤（39頁）を参照。

これらの意見を受けて、中間取りまとめでは、相隣関係の規律の見直しの在り方について、各種の公法的規制や外国法制を踏まえつつ、民事における土地利用の円滑化の観点から、引き続き検討を進めることとされている。

(2)　共有地の管理等の在り方

　共有物の管理に関する事項は、各共有者の持分の価格に従い、その過半数で決することとされ（民法第252条）、共有物の変更・処分は、共有者全員の同意を得ることが必要とされている（民法第251条）が、土地共有者の一部が所在不明である場合には、適切に対応できないことがある。そこで、共有地の管理等の在り方について検討することとし、第7回研究会を中心に議論がされた(注9)。

　研究会では、共有地の利用行為が、共有物の管理に関する事項や変更・処分に当たる場合において、共有者の一部が不明であるときは、その同意を得ることができないため、利用が困難になる上、相隣関係においても、隣地所有者が、共有者の一部が不明である共有地の利用を必要とするときに、共有の法律関係が問題となることがあり、民法の規律が現代的問題を処理しきれていないのではないかとの意見があった。

　また、共有の解消を容易にするため、裁判による共有物分割の在り方のほか、裁判以外の共有の解消方法の在り方について、例えば、共有者の一部が不明である場合には、他の共有者は、相当の償金を支払って不明共有者の持分を取得することができるとすることや、共有者の一人が共有物を長期間占有している場合に、取得時効等により無償で他の共有者の持分を取得することができることを含め、検討する必要があるとの意見があった。

　その他、遺産共有の状態にある土地につき、遺産分割を促進し、遺産共有を解消する方策として、遺産分割に期間制限を設け、この制限を徒過した場合には、通常の共有に移行させることについて、課題を洗い出しながら検討する必要があるとの意見があった。

　これらの意見を受けて、中間取りまとめでは、相続登記未了土地は、共有状態にあるものが多いと考えられることから、所有者不明土地問題の解決のためにも、土地の共有に関する規律の見直しは重要な課題であり、民事における土地利

---

(注9)　議論の詳細については、研究会だより⑦（45頁）を参照。

用の円滑化の観点から、共有地の管理等の在り方とともに、共有の解消方法等の在り方について、引き続き検討することとされている。

(3) 財産管理制度の在り方

財産管理制度（不在者財産管理制度・相続財産管理制度）は、所有者不明土地問題への対応策として、私人間の問題の解決や公共事業のための用地取得など、様々な場面で活用され、重要な機能を果たしている。その一方で、財産管理制度は、不在者の財産全般又は相続財産全体を管理することとされているため、特定の財産についてのみ管理が必要な場合であっても、財産全体を管理することを前提とした事務作業や費用等の負担を強いられ、手続が長期化する要因となっているとの指摘がある。そこで、財産管理の機能の向上を図る方策を検討することとし、第6回研究会において議論がされた[注10]。

研究会では、所有者が不在等の場合にその財産の一部のみを管理する方策については、現在の財産管理制度の基本的な枠組みを維持しつつ、財産を管理する目的を踏まえ、必要に応じて不在者等の財産の一部を管理する仕組みを創設することが考えられるとの意見があった。他方で、不在者等の利益保護にも配慮することが必要であり、特に他人による利用や取得を目的として不在者の財産の一部を管理する仕組みを設けることについては慎重な検討が必要であるとの指摘があった。また、財産管理人選任申立てを行うことができる者の範囲については、財産を管理する目的を踏まえ、その範囲の拡大の是非について引き続き検討することが必要であるとの意見があった。

これらの意見を受けて、中間取りまとめでは、財産管理制度の現在の運用の実態を踏まえ、不在者等の財産の一部を管理することができる仕組みの在り方や、申立権者の範囲の拡大の是非等、財産管理の機能を向上させる方策について、不在者等の利益保護についても配慮しながら、引き続き検討を進めることとされている。

## 第3　今後の検討について

人口減少・超高齢社会が進展し、相続多発時代を迎えようとする中、所有者不

---

(注10)　議論の詳細については、研究会だより⑥（42頁）を参照。

明土地問題の解決は喫緊の課題となっている。本年6月1日の第2回関係閣僚会議において、「所有者不明土地等対策の推進に関する基本方針」が決定され、変則型登記を正常な登記に改めるために必要な法制度の整備に向けた作業を進め、次期通常国会へ提出することとされた。また、登記制度・土地所有権等の在り方については、来年2月を目途に新たな仕組みの構築に向けた具体的方向性や検討課題を幅広く提示した上で、法制審議会において、法案要綱の策定に向けた作業を進め、2020年に予定している土地基本法等の見直しとあわせて民事基本法制の見直しを行うこととされた。これらについては、骨太方針2018においても同様の記載が盛り込まれ、政府全体の基本方針とされている。

　研究会においては、政府の方針を踏まえ、本年度中に、あるべき仕組みの構築に向けた検討の方向性や、課題を提示する報告書を取りまとめることを目指して、研究を更に加速させていくこととなる。

　中間取りまとめの内容から明らかなとおり、研究会の検討の対象事項は、いずれも、民事基本法制の根幹に関わるものである。民法の見直しに関する事項は、物権法以外にも、総則や相続法など、民法の幅広い分野に関連する。不動産登記法の見直しに関する事項も、相続登記の義務化の是非を始めとして、制度の根本原理に関わるものである。それに加えて、上述のとおり、土地基本法の見直しとも密接に関連しており、幅広い観点から総合的に検討を進めていく必要がある。

　このような国民の社会経済活動の基盤に関わる重要課題について、より良い仕組みを構築していくためには、法律専門家を始めとして、国民全体で活発な議論が行われ、理解が浸透することが不可欠である。中間取りまとめを契機に、各方面で議論が活発化することが期待される。

# 研究会だより①

　登記制度・土地所有権の在り方等に関する研究会（座長＝山野目章夫早稲田大学大学院教授）が発足し、10月2日に第1回会議が開催された。

　近年、不動産登記簿等の所有者台帳により所有者が直ちに判明せず、または判明しても連絡がつかないため、所有者を特定することが困難となっている、いわゆる所有者不明土地の存在が、公共事業の用地取得や、農地の集約化、森林の適正な管理を始めとする様々な分野で共通の課題となっている。

　このような状況を背景として、「経済財政運営と改革の基本方針2017」（本年6月9日閣議決定）等の政府の基本方針において、「今後、人口減少に伴い所有者を特定することが困難な土地が増大することも見据えて、登記制度や土地所有権の在り方等の中長期的課題については、関連する審議会等において速やかに検討に着手」することとされた。

　そこで、登記制度や土地所有権の在り方等に関する中長期的課題について、民事基本法制の視点から、その論点や考え方等を整理することを目的として、本研究会が発足したものである。

　第1回会議においては、研究会の検討課題全般について、これまでの経緯等も含めた説明がされた後、具体的な検討事項についてフリーディスカッションが行われた。

　まず、登記制度の在り方として、①対抗要件主義の検証、②登記の義務化の是非、③登記手続の簡略化、④変則型登記（記名共有地、共有惣代地、字持地等の表題部所有者欄が変則的な記載となっているもの）の解消、⑤その他に関する検討事項について、それぞれ意見交換がされた。

　①対抗要件主義の検証については、取消し等の意思表示による物権変動でも対抗要件主義が働かない場面があり丁寧に検証する必要があるとの意見がある一方、所有者不明土地問題で指摘されている相続登記の未了問題は仮に登記を物権変動の効力要件とする効力要件主義を採用しても変わらないのではないかとの指摘や、効力要件主義に変更する場合には動産や債権譲渡、特別法なども含めて法

制度全体を横断的に検討をしなければならないこととなるとの指摘があった。また、検討に当たっては、②登記の義務化の是非の議論と連続性をもって議論をすべきであるとの指摘があった。

　②登記の義務化の是非については、これを論ずるに当たっては義務違反の要件及びその認定手続に関する規律や違反の効果について細かく議論する必要があるとの指摘があった。また、相続登記未了の問題については、遺産分割に期限がないことから遺産分割による登記にインセンティブが必要ではないかとの意見や、相続登記の場面では登録免許税を廃止すべきであるとの意見があった。さらに、戸籍情報などと連携して死亡情報を共有化する仕組みを考えてはどうかといった意見がある一方、住所と名前しか記録されていない登記に戸籍情報をつなげるためには様々なハードルがあるとの指摘や、遺産分割や寄与分なども考慮する必要があるため、死亡情報等を共有しても職権による相続登記は難しいとの指摘もあった。

　③登記手続の簡略化については、時効取得に関して、時効取得している一定の蓋然性がある場合に仮登記的な登記をすることを考えることができないかとの意見がある一方、登記官がどうやって占有を認定するか、権利に関する登記については形式的審査権とされていることとの関係を含めて検討する必要があるとの指摘もあった。また、登記の真正性を担保する措置を講じた上で、単独申請をすることができる登記手続の範囲を拡大することがあり得るのではないかとの意見があった。

　④変則型登記の解消については、権利能力なき社団にも登記能力を付与し、法人格のない地縁団体名義の登記を認めてはどうかとの意見や、一定の公告手続を経た上で登記を閉鎖あるいは所有権の保存の登記をしてはどうかとの意見がある一方、昭和35年の登記簿・台帳の一元化以降の占有状況が安定しているものであれば、現在の占有状況を踏まえて所有者を認定してもよいのではないかといった意見があった。

　⑤その他に関する検討事項として、現在の個人情報への意識の高まりを踏まえ、個人の住所及び氏名を登記事項として記載して公開している現状について、改めて点検する必要はないかとの指摘があった。

　次に、土地所有権の在り方として、①土地所有権の強大性、②土地所有権の放

棄の可否等、③相隣関係の在り方、④共有地の管理等の在り方、⑤財産管理制度の在り方、⑥その他に関する検討事項について、それぞれ意見交換がされた。

　①土地所有権の強大性については、「強大」について何との比較なのかが明らかでないとの指摘や、所有権制度の歴史を踏まえて具体的な問題として設定する必要があるとの指摘があった。

　②土地所有権の放棄の可否等については、土地所有権に伴う様々な負担を誰がどのように分担するかという観点から検討を行い、規律の明確化を図ることができるとよいとの意見や、放棄を認めると、土地に利用価値があった時期には利益を得ていた者が、価値が下落して不要になったら放棄することを許容することになるとの指摘、土地以外の財産を含めて全体的に検討する必要があるとの指摘があった。

　③相隣関係の在り方については、民法の規定は明治時代の生活を前提とした古い規律になっており、日照権の問題や建築基準法制で定められた規律等についてどこまで民法に取り組むかを整理する必要があるとの指摘や、隣接地所有者には境界を確認する義務を課すべきとの意見があった。

　④共有地の管理等の在り方については、民法の規律が現代の問題を処理しきれているかといった指摘や、共有物分割に関する判例法理を踏まえた所要の見直しが必要であるとの意見があった。

　⑤財産管理制度の在り方については、申立権者の範囲について見直すべきとの意見や東日本大震災での経験を踏まえた法制上の整備を図る必要があるとの意見があった。

# 研究会だより②

　登記制度・土地所有権の在り方等に関する研究会（座長＝山野目章夫早稲田大学大学院教授）の第2回会議が平成29年12月19日に開催された。

　第2回会議においては、民法上、不動産登記が物権変動の対抗要件とされており（民法第177条）、登記申請をするかしないかについて当事者の意思に委ねられていることが、所有者不明土地を発生させる要因の一つとなっているのではないかとの指摘を踏まえ、対抗要件主義の検証をテーマに検討が行われた。具体的には、①対抗要件主義が前提とする物権変動の意思主義（民法第176条）の検証、②民法第177条に係る判例法理のうち、主に、相続と登記、取得時効と登記に関する判例法理の検証、③効力要件主義の採用の是非が検討項目とされた。

　①意思主義の検証については、所有者不明土地問題への対応として、登記申請を促進する必要があることに異論はないが、物権変動についての意思主義を見直すまでの必要があるのかといった指摘があった。

　また、意思主義のメリットとして、当事者の意思によって物権変動の時期をコントロールすることを可能とすることにより、所有権留保や譲渡担保などの工夫をすることが可能となっているとの指摘や、物権変動の要件に係る意思主義の問題と物権変動の公示の問題とを切り離して考えるのではなく、物権変動のプロセスの中に、民法第177条が規定する「登記をしない限り第三者に対抗することができない」との規律を取り込んで民法第176条の意思主義を捉えるべきではないかという指摘があった。

　②相続と登記に関する判例法理の検証については、相続登記が未了のまま放置されていることが所有者不明土地の発生要因の一つとなっているとの指摘があることから、網羅的な検討が行われた。現在、法制審議会（相続関係）部会において、相続による権利の承継のうち法定相続分を超える部分の取得について対抗要件主義を導入することが検討されているが、そのほかに対抗要件主義を適用する場面を拡張することの是非が議論された。

　これに関しては、共同相続と登記について、判例は、無権利の法理により、共

同相続人から法定相続分を超えて財産を譲り受けた者と他の共同相続人との関係は対抗関係にならないとしているが、法定相続分は相続人間の内部的な割合を定めているにすぎず、第三者との関係では相続財産全体について完全に無権利ではないと考えれば、対抗関係とすることも可能ではないかという意見があった。その一方で、判例が、遺産共有状態は暫定的な権利関係であることから、登記をしないことを寛容に捉えて、法定相続分については登記なくして譲受人に対して権利取得を対抗することができるとしていることに肯定的な見解もあり、相続の場面において無権利の法理が採用されている場面を丁寧に検討し、その実質的根拠について改めて考える必要があるという指摘もあった。

　また、相続登記未了状態を早期に解消するために、遺産分割手続に期限を設けることも考えられるが、期限やその違反の効果をどうするのかなどを含め、民事法制に限定されない政策的な観点からの検討が必要であるといった指摘のほかに、相続放棄の場面においては、相続放棄のあったことを他の相続人が知らないこともあり、対抗問題に帰せしめて他の相続人に不利益を課すこととしてよいのかという指摘や、相続登記を促進するための方策は、登録免許税の減免など、民事法制上の措置以外のものもあるのではないかといった指摘があった。

　取得時効と登記の検討に関しては、現在の判例法理は、論理的に一貫しており、その一部を変えると一貫性を維持することができるか疑問であるとの指摘があった一方で、時効完成前の第三者についての判例法理によると、いつまでも登記なくして時効取得による権利変動を対抗することができることとなり、登記の公示機能の観点からは問題があるものの、善意の占有者に対して時効完成後の登記を期待することは難しいという指摘があった。また、再度の時効取得や担保物権の設定が絡む局面においては、複雑な規範となっており、取得時効の規律の明確化のためには、その検討も行う必要があるとの意見があった。

　③効力要件主義の採用の是非については、現在、対抗要件主義の下で様々な制度が構築されているため、効力要件主義を採用した場合の影響の大きさを考える必要があるという指摘があった一方で、今後百年、二百年後のことを想定してどのような制度が相当なのかという観点からの検討も必要であるとの意見があった。また、効力要件主義を採用することにより、登記の公示機能が高められることになるのは、主に意思表示に基づく物権変動の場面であって、当面の課題であ

る相続登記未了の問題に対応することができるのか疑問であるとの意見があった。

　そのほか、効力要件主義の下では、第二買主が登記を先に備えた場合には、第一買主は土地の所有権に基づく請求ではなく、債権侵害による不法行為責任の追及や明渡請求権の代位行使等契約関係に基づく権利主張をすることが考えられるが、債権侵害による不法行為責任が認められる場合は限定的であるし、そもそも売主の第二買主に対する明渡請求権が認められるか、認められるとしても明渡請求権の訴訟上の代位行使は、債権法改正後においては、訴訟告知を要することになるなど訴訟上の手順が煩雑となるとの意見や、第二買主の売買契約が公序良俗違反により無効となることも考えられるが、公序良俗違反とされる状況と判例上民法第177条の「第三者」に当たらない背信的悪意者とされる状況とは必ずしも一致するものではなく、どのような場合に第一買主が保護されることになるのか不透明であり、第一買主の保護は難しくなるのではないかといった意見があった。

　さらに、建物、動産、債権、担保物権についての取扱いや、登記の公信力をどうするのかという指摘や、民法第94条第2項の類推適用を認める判例法理との関係、破産管財人が民法第177条の「第三者」とされていることへの影響のほか、民事手続上の観点からの検討も必要であるといった指摘があった。

# 研究会だより③

　登記制度・土地所有権の在り方等に関する研究会（座長＝山野目章夫早稲田大学大学院教授）の第3回会議が平成30年1月31日に開催された。第3回会議においては、登記の義務化の是非及び土地所有権の「強大性」をテーマに検討が行われた。

（登記の義務化の是非）
　登記の義務化の是非については、①権利に関する登記（特に相続登記）の申請の義務化の是非と、②権利に関する登記（特に相続登記）を登記官が職権ですることの是非の二つの論点に分けて、議論がされた。
　①権利に関する登記（特に相続登記）の申請の義務化の是非について、民法の起草者は、不法占拠者等に対しても物権の取得を対抗するためには登記が必要と考えていたのであり、ある種の実質的な義務を課していたと見ることができるのであって、対抗要件主義は必ずしも登記の申請を義務化することの理論的な妨げにはならないが、対抗要件主義が機能して登記申請へのインセンティブが働く売買等の取引の場面にではなく、対抗要件主義が機能しない相続の場面に焦点を当てて制度設計をしてはどうかとの意見があった。また、対抗要件主義が機能しない場面において登記の申請を義務化する場合には、時効完成前の第三者に関する取得時効と登記の判例法理との関係について整理が必要であるとの指摘があった。
　相続登記の申請を義務化することの根拠として、対抗要件主義が機能しないため登記申請のインセンティブが働かないことのほか、死亡した者が所有者となっているという実体法上あり得ない登記がされていることや、相続については時の経過によりネズミ算的に権利と公示の不一致が拡大していくことなどが考えられるとの指摘があった。
　また、登記申請を義務化する場合には、不動産登記法の目的を、権利の明確化による土地の有効な利用といったところまで拡張する必要がないかとの意見も

あった。

　登記申請を義務化した場合の実効性に関しては、商業登記の場合には義務違反を容易に把握することができるため実効性があるが、不動産登記の場合には義務違反を容易には把握することができず、仮に登記申請をしたことにより義務違反が判明するのであれば、義務違反の発覚を恐れてかえって登記申請がされなくなる懸念もあるとの指摘があった。また、例えば、義務違反によって所有権を失うという効果を設ける場合には、かえって土地を不要と思っている義務違反者に喜ばれるおそれがあるとの意見や、登記申請を義務化する場合には、所有しない自由として所有権放棄を認める枠組みが必要であるとの意見があった。

　そのほか、権利と公示の不一致を解消するための手段については、登記申請の義務化のほかに、登録免許税の減免によるインセンティブの付与や、対抗要件主義の適用範囲の拡大などがあり、これらの手段を総合的に検討すべきであるとの意見や、登記申請を義務化することにより、法定相続の登記をさせた後に遺産分割の登記をさせることとなると、登録免許税を2回払わなければならなくなるとの指摘などがあった。

　②権利に関する登記（特に相続登記）を登記官が職権ですることの是非については、例えば、二重譲渡の場面で職権登記を認めると対抗要件主義に抵触してしまうため、対抗要件主義が機能する場面については職権による登記を認めるべきではないとの意見があった。

　また、登記申請の義務化と職権による登記との関係に関しては、例えば、登記申請義務を履行しないときに職権による登記を認めるとした場合には、かえって登記申請が放置されるおそれがあるとの意見や、自分の情報は自分で管理するという観点からは、あくまで登記申請義務の履行が原則であり、その履行が難しい状況がある場合に職権による登記を認めるにとどめるべきとの意見があった。

　職権による登記の範囲に関しては、登記名義人が死亡していることにとどめるのが相当ではないかとの意見がある一方、登記名義人が死亡していることのみを公示する制度とした場合には、数次相続が発生していることが公示上判明しないとの問題点の指摘があった。

　さらに、戸籍等との情報連携に関して、情報連携を積極的に活用して登記に記録することができないかとの意見があった一方、現在、ある人の死亡の事実だけ

では物件と紐付けることはできないため、どう結びつけるかが課題であるとの指摘もあった。また、所有者探索を容易にする観点からは、住所情報について、住民票情報との連携が必要ではないかとの意見があった。

**（土地所有権の「強大性」）**
　公共の福祉のために所有権を制約することが可能とされているにもかかわらず（憲法第12条、第13条、第29条、民法第１条第１項、第206条、土地基本法第２条等）、所有権の絶対性の観念が広く浸透し、土地所有権を制約する立法が困難になっており、この土地所有権の「強大性」が我が国における公共的な土地利用を妨げているとの指摘があることから、検討項目とされた。
　まず、近代私法の基本原理である「所有権絶対の原則」が現行民法の所有権制度においてどのような意義を有しているかが検討された。この点については、現行法上、「所有者は、法令の制限内において、自由にその所有物の使用、収益及び処分をする権利を有する。」（民法第206条）という規定があり、所有権絶対の原則に大きな意味はないが、所有権尊重の理念は根付いており、必要もなく所有権を制限する立法はできないとの指摘や、そもそも、所有権絶対の原則は、土地所有に関する封建的支配を排除し、身分の平等を明らかにするために用いられた概念であり、所有権は本来無制限ではないとの観点がベースにあって、法令による所有権の制限は元々可能とされてきたとの指摘があった。
　土地の所有権と土地以外の物の所有権の違いについては、土地以外の物は、誰かが生み出して承継されていくものであるのに対し、土地は、究極的には公共的なものであるという点に特殊性があり、利用の必要性があるのであれば、所有権から離れて土地を利用することも考えられるとの意見があった。民事基本法制において、土地所有権を制約する立法を検討するとして、補償の要否をどうすべきかについては、隣地通行権を参考に、土地の有効利用と所有権の制限の最小化を図る観点から検討されるべきとの意見があった。
　また、所有者不明土地につき、所有者の同意なく公共的目的で利用を開始し、利用が長期にわたった場合に利用者が所有権を取得するとすることの民事基本法制の観点からの位置付けについても検討された。この点については、所有者不明土地の利用権を取得した者の占有が他主占有であることは明らかであるにもかか

わらず、一定期間でその土地の所有権を取得するというのは、現行民法の取得時効制度との乖離が大きいため、無主の土地が国庫帰属する仕組みを用いるなど、別の制度の創設を検討することが考えられるとの指摘があった。また、所有者不明土地の利用者による占有が、ある時点で他主占有から自主占有になると構成する場合には、占有の性質が変わる際に公的宣言が必要ではないか、そのような公的宣言を制度化することの可否も含めて検討し、説得力ある制度を考えていく必要があるのではないかとの指摘があった。

# 研究会だより④

　登記制度・土地所有権の在り方等に関する研究会（座長＝山野目章夫早稲田大学大学院教授）の第4回会議が平成30年2月23日に開催された。
　第4回会議においては、変則型登記の解消及び土地所有権の放棄をテーマに検討が行われた。

**（変則型登記の解消）**
　まず、いわゆる記名共有地や共有惣代地、字持地、表題部所有者の住所が記録されていない氏名のみの土地などの表題部所有者欄が変則的な記録となっている登記（以下「変則型登記」という。）を解消する方策について、議論がされた。
　変則型登記については、これを解消するためには多大な費用や労力が必要である上、変則型登記の解消に至らず、取引をすることができない事例もあるとの指摘があった。また、認可地縁団体の不動産登記申請の特例（地方自治法第260条の38及び第260条の39）を活用して、変則型登記を解消することができた事例が紹介された。
　同特例を活用することができない場合には、例えば、所有権の保存の登記をするために、訴訟を提起し、擬制自白とならないように被告に出頭を求めた上で、勝訴判決を得るという取扱いもあるが、煩雑であるとの指摘があった。他方、職権で表題部所有者の更正の登記をしようとしても、所有者を認定することができるまでの心証に至る疎明資料が乏しいのが実情であるとの指摘があった。そして、これらの指摘を踏まえ、変則型登記について、訴訟によらずに簡易に所有者を確定させる手続があっても良いのではないかとの意見や、登記官の職権による所有権の更正の登記を行うための法制上の措置を講ずることも必要ではないかとの意見があった。
　その他、権利能力のない社団のうち、自治会などの組織等がしっかりとしたものについては、登記能力を認めても良いのではないかとの意見があったが、これに対しては、権利能力のない社団についてはその後の同一性の判断が困難である

との指摘や、現在は非営利法人の法人格取得が比較的容易に認められるようになったため、権利能力のない社団に登記能力を認める必要性については整理が必要であるとの指摘があった。

**（土地所有権の放棄）**

　最初に、民法上、土地所有権を放棄できるかにつき議論された。

　この点については、民法第206条は、「所有者は、法令の制限内において、自由にその所有物の使用、収益及び処分をする権利を有する。」と規定しているところ、学説上、同条の「処分」に放棄が含まれると解する見解も有力であるが、①民法第239条第2項は、学説上、所有者がいない不動産は国に帰属すると規定しているにすぎず、所有権の放棄が可能である旨規定しているものではないこと、②所有権は権利と義務の総体というべきものであることから、所有者の意思で、一方的に放棄して義務を免れることができるとは解し難いこと、③仮に、土地所有権を一方的に放棄できるとすると、民法第239条第2項により土地は国庫に帰属し、所有者の一方的意思表示で土地の管理費用等の負担を国に付け替えられることになり不合理であることなどからすると、現行法上、所有者の単独の意思表示による土地所有権の放棄はできないと解すべきとの指摘がされた。

　また、土地所有権の放棄を一般的に認めた上で、当該事案においては放棄が権利濫用に当たるとした下級審裁判例を念頭に置くと、土地所有権の放棄が権利濫用にならない場面はおよそ考えられないとの指摘がされた。

　次に、土地所有権の放棄を可能とする立法措置を講ずるに当たっての問題点につき議論された。

　この点については、所有者が固定資産税を支払い、適切に管理してきた土地が、自然災害によって危険な状態になり、所有者に過重な負担がかかるような場合にまで土地所有権の放棄が認められないのは酷であることから、広く国民や住民が管理コストを負担することが相当である土地については、一定の要件の下で放棄を認める必要があるとの意見や、所有者が一定の経済的負担を負うことを条件に所有者としての拘束から免れるシステムを用意する必要があるとの意見があった。

　また、所有者が所有権を放棄することで、その経済的負担等を免れることを認

めるかが根本的問題であり、所有権放棄の要件、放棄された土地の帰属先といった実質的な要件をまず検討する必要があるとの意見があった。

放棄された土地所有権の帰属先については、財政負担等の観点から、国、地方公共団体、NPO等のいずれにするのが適切か問題となるとの指摘や、土地がいったん国庫に帰属した場合、その土地を地方公共団体に利用させるには、土地を適正評価額で地方公共団体に売却しなければならず、臨機応変な土地の利用が困難となる可能性が高い旨の指摘があった。

また、土地の利用の観点からは、簡易な競売システムを設け、買受人が現れれば、そのまま土地を有効に利用し続けられるようにし、買受人が現れない場合には、利用されない土地であると認定して、その認定を所有権放棄の要件とすることが考えられるとの意見があった。

さらに、現行法においては、第三者により有害物質が土地に不法投棄され、土地所有者にかかる経済的負担が非常に重いような場合においては、土地所有者が破産しても土地の買受人が現れず、破産財団から放棄されて所有者に土地管理の負担が残ってしまうことが想定され、このような場合には、土地所有権を放棄して管理費用を国等に負担させることも考えられるが、国等に負担させる管理費用の範囲や限度を検討する必要があるとの意見があった。

土地所有権の放棄を可能とする立法を行う際の規定の在り方については、民法には、「法令に定める手続に従い、所有権を放棄することができる」旨規定するにとどめ、個別の立法で具体的手続を規定するのが望ましいとの意見があった。

さらに、行政法の観点から、国が私人に財産権を放棄させ、これによって国の財政を潤すことは憲法や土地収用法との関係で認められないとの指摘や、自然公物関係の法律のように、所有権と管理権とを分けて規定する考え方も参考になるのではないかとの意見があった。

また、所有者の責任の在り方の観点から、土地所有権を放棄しても、放棄した土地についての損害賠償責任等の責任は残るという規定を設けることも考えられるとの意見があった。

# 研究会だより⑤

　登記制度・土地所有権の在り方等に関する研究会（座長＝山野目章夫早稲田大学大学院教授）の第5回会議が平成30年3月27日に開催された。
　第5回会議においては、相隣関係の在り方及び登記手続の簡略化をテーマに検討が行われた。

**（相隣関係の在り方）**
　まず、隣地所有者が所在不明である場合の対応に関する相隣関係の在り方につき議論された。
　最初に、隣地の使用請求が取り上げられた。民法第209条第1項は、境界又はその付近において障壁又は建物を築造し又は修繕するために必要な範囲内で、隣地の使用を請求することができる旨規定しているが、実務上、土地の所有者が同項に基づいて隣地を使用するに当たっては、隣地所有者の承諾を要するとされている。このような取扱いについて、隣地所有者が所在不明の場合、測量のための隣地立入りができず、土地の売却や建築ができないだけでなく、境界確定訴訟等の提起の支障にもなっているため、見直しが必要であるとの意見があった。
　また、現行法でも、隣地所有者が所在不明の場合、承諾に代わる判決を得て隣地を使用することが可能ではあるが、その手続的負担に鑑みると、公示による意思表示など一定の比較的軽い手続を経た上で、隣地使用者に一時使用の限度で受忍義務を負わせたり、いわゆる囲繞地通行権のように、隣地を使用することができる旨の規律に改めたりすることも可能ではないかとの意見がある一方で、規律の見直しに当たっては、隣地使用の必要性・緊急性を踏まえ、他の相隣関係の規律等とのバランスを図りながら検討する必要があるとの指摘がされた。
　次に、導管等の設置のための隣地使用が取り上げられ、民法には、ライフラインの導管等の設置のための隣地使用の規定がなく、実務上、囲繞地通行権等の規定を類推適用して対応されているが、取扱いが定まっていないため、規律を現代化・明確化する方向で検討を続ける必要があるとの意見があった。

続いて、所有権の境界を定めることに関する規定がないことや、境界標の設置・保存に関する規律の在り方について議論された。これについては、土地の調査測量を円滑に行うためにも、境界の確定についての規定を設けるべきであるとの意見や、境界の確定は所有権の保存行為と見ることができ、その費用の負担の在り方とあわせて検討を続ける必要があるとの意見があった。

また、民法第233条が、隣地の竹木の枝が境界線を越えるときと根が境界線を越えるときとで規律を区別し、隣地から伸びてきた枝を土地所有者が自力で切除することができないとされていることについて議論された。これについては、根と同様に、越境された土地所有者が自力で切除することができるという考え方がある一方で、一定の期間を定めて隣地占有者に対して切除を催告した上で、期間を経過したときにはじめて切除できるという考え方があり、海外法制を参考にしながら検討を続ける必要があるとの意見や、竹木の枝の切除の規律の在り方は、管理が放棄された所有者不明土地の問題であるとともに、民法の起草当時からの社会経済情勢の変化を踏まえた規律の現代化の問題でもあるとの意見があった。

さらに、接境建築等の制限や日照・眺望の確保に関する民法上の規律の現代化について議論された。これらは、都市部と地方とで状況が異なっており、公法的にきめ細かく対応することが相当で、民法で全国一律に規定することは困難ではないかとの指摘や、隣接する土地の所有者同士の合意による決定にふさわしい事柄なのかを検討する必要があるとの指摘がされた。

(登記手続の簡略化)

登記手続の簡略化については、①相続による登記手続の簡略化及び②既にされている権利の登記の抹消手続の簡略化の論点について議論を行った。

①相続による登記手続の簡略化について、まず、相続による登記手続が煩雑であるとの指摘があるが、戸籍制度のない国に比べると、戸籍制度のある我が国においては客観的な資料を集めやすいとの意見があった。また、相続による登記手続がされない原因としては、遺産分割協議が成立しないことが一番の原因であるほか、相続登記に対するモチベーションがないことが考えられるとの指摘があった。

次に、法定相続分による相続登記がされた後に遺産分割が行われた場合には、

これにより所有権を取得することとされた者が遺産分割を原因とする更正の登記を単独で申請することができるようにできないかとの意見があった。この意見については、遺産分割には遡及効があることからすると、更正の登記によることが実体法に忠実であるが、単独での登記申請を認めるためには不動産登記法第63条第2項の見直しが必要であるとの意見があった。また、物権変動の過程を登記に忠実に反映させる観点からは、法定相続分による相続登記と、その後の遺産分割を原因とする登記の二段階の登記をすることが望ましいが、その場合にはコストをかけずに登記手続ができるようにすべきとの意見があった。さらに、遺贈や死因贈与等についても、単独での登記申請を認めてよいのではないかとの意見があったが、これに対しては、共同申請の例外を認めることについては慎重な検討が必要であるとの指摘があった。

②既にされている権利の登記の抹消手続の簡略化については、登記名義人が法人（例えば、法律上解散した法人）である場合における「登記義務者の所在が知れない」（不動産登記法第70条第1項）との要件の見直しを行うほか、同条第3項の規定による登記の抹消手続の対象とならない担保権以外の権利に関する登記の抹消手続について簡略化を検討することについて、特段の異論はなかった。ただし、解散した法人につき清算結了の登記がされている場合においても、実体法上の権利関係が存在している以上、法人格は存続すると考えられることから、実体法と登記との関係について、考え方を整理する必要があるとの指摘があった。

また、法律上解散した法人だけでなく、破産手続が終了した会社が抵当権の登記名義人となっている場合についても、当該会社の閉鎖登記簿があるときは「登記義務者の所在が知れない」との要件を満たさず、改めて清算人等を選任する必要があるため、費用などの負担が大きく、簡略化を検討すべきではないかとの意見があった。

# 研究会だより⑥

　登記制度・土地所有権の在り方等に関する研究会（座長＝山野目章夫早稲田大学大学院教授）の第6回会議が平成30年4月23日に開催された。
　第6回会議においては、財産管理制度の在り方及び登記手続の簡略化をテーマに検討が行われた。

### （財産管理制度の在り方）
　財産管理制度（不在者財産管理制度・相続財産管理制度）は、所有者不明土地問題に対する対応策として様々な場面で活用されている。しかし、不在者の財産全般又は相続財産全体を管理することとされているため、特定の財産についてのみ管理が必要な場合であっても、財産全体を管理することを前提とした事務作業や費用等の負担を強いられ、事案の処理にも時間を要しているとの指摘がある。そこで、財産管理の機能の向上を図る方策について検討された。
　まず、所有者が不在等の場合にその財産の一部のみを管理する方策として、新たに特定の財産を管理の対象とする「物」に着目した財産管理制度を創設することや、現行の財産管理制度の枠組み（不在者や相続財産法人という「人」に着目した財産管理制度）を基本的に維持した上で、不在者等の財産の一部のみを管理する方策について議論された。
　「物」に着目した財産管理制度の創設については、そのような制度のもとでも、結局、財産管理の効果は「人」に帰属することとなるのであるから、「人」のための財産の管理ということになるのではないかという指摘や、現行の財産管理制度の基本的な枠組みを維持しつつ、財産を管理する目的を踏まえ、必要に応じて不在者等の財産の一部を管理する方策を検討することが考えられるとの意見があった。また、変則型登記である土地で、所有者調査の結果所有者を特定することができない場合についても、不特定の所有者の財産を管理する仕組みを設けることを検討できるのではないかとの意見があった。さらに、相続人のあることが明らかでないときについても、相続人の不存在が判明しない段階においては、

相続財産の一部を管理する仕組みを設けることもあり得るのではないかとの意見があった。他方で、不在者等の利益保護にも配慮することが必要であり、特に他人による利用や取得を目的として不在者等の財産の一部を管理する仕組みを設けることについては慎重な検討が必要であるとの指摘があった。

次に、財産管理人選任申立てを行うことができる者の範囲について議論された。この点については、現行法上財産管理人の選任申立てが可能な「利害関係人」の意義を探究した上で、財産を管理する目的を踏まえ、その範囲の拡大の是非について引き続き検討することが必要であるとの意見があった。他方、他人による利用や取得を目的として財産管理人の選任申立てを行うことを認める場合、本人や家族の意向を一切無視して財産管理の開始を求めることが許されるのか、申立権者の拡大の是非及びその範囲について慎重な検討が必要であるとの指摘があった。

**（登記手続の簡略化）**

登記手続の簡略化については、①共同相続人の一部の者による時効取得を原因とする登記手続の簡略化及び②登記義務者の所在が知れない場合の時効取得を原因とする登記手続の簡略化の論点について議論を行った。

①共同相続人の一部の者による時効取得を原因とする登記手続の簡略化については、自主占有を認めるための事情に関する最高裁昭和47年9月8日第二小法廷判決（民集26巻7号1348頁）において示された要素を含めて、登記官が共同相続人の一部の者による時効取得の要件充足性を判断することは難しいのではないかとの意見があった。これに対し、登記官の形式的審査権を前提にすれば、申請人において取得時効の要件該当性の判断を可能とする資料をいかにまとめることができるかではないかとの指摘があった。また、上記最高裁判決において示された要素のうち、単独に相続したものと信じて疑わなかったこと以外の要素が満たされていれば、そのように信じて疑わなかったことが推認され、必ずしもその事実を立証する必要はないとも考えられるとの意見があった。

次に、この場合において、共同相続人の一人が単独で登記申請を行うことの是非については、不動産登記法第60条は、共同申請を原則としていることから、単独申請を可能とする例外規定の設置は慎重に検討すべきであるが、登記手続を簡

略化する方法としては、ⅰ時効取得した共同相続人の一部の者による単独申請を可能とした上で、権利を失う者のための手続保障の制度を設ける方法、ⅱ時効取得をしたことについて資格者代理人が調査し、当該調査の結果を添付情報とすることにより、単独申請を可能とする方法、ⅲ他の相続人に異議がないことを添付情報として求めた上で単独申請を可能とする方法等が考えられるとの意見があった。この意見に対しては、ⅰの簡略化の方法を採る場合には、時効取得の要件充足性の判断が困難であることとの関係で、他の共同相続人等への手続保障は、登記の前に行うべきであるとの指摘があった。

　②登記義務者の所在が知れない場合の時効取得を原因とする登記手続の簡略化については、ある程度時間がかかるものであってもよいので、権利を失う者の保護を図りつつ、時効取得を原因とする登記手続を簡略化することができるとよいとの意見があった。また、原則として訴訟を提起しなければならないとすると、訴訟を受ける方も負担が大きいため、例えば、単独申請を可能とした上で、支払督促制度のように、権利を失う者から異議があった場合には訴訟に移行し、手続保障を与えるといった簡易な方法は考えられないかとの意見や、訴訟を提起する場合には訴訟法上の特別代理人を活用することもあり得るので、そのような制度があることにも留意して制度を検討してはどうかとの意見があった。

# 研究会だより⑦

　登記制度・土地所有権の在り方等に関する研究会（座長＝山野目章夫早稲田大学大学院教授）の第7回会議が平成30年5月28日に開催された。
　第7回会議においては、共有の在り方及び登記の公開の在り方等をテーマに検討が行われた。

### （共有の在り方）

　共有者の一部が不明であるときは、その同意を得ることができず、共有物の利用が困難になる上、相隣関係においても、隣地所有者が、共有者の一部が不明である共有地の利用を必要とするときに、共有の法律関係が問題となることがあるため、共有の在り方について検討がされた。
　まず、共有物の利用・管理に関し、その利便性の向上を図ることについて検討がされた。これに関しては、共有によって生ずる問題の解決は基本的に共有物の利用等の利便性の向上ではなく共有の解消を容易にすることによって解決すべきであり、利便性を大幅に向上させることについては疑問があるとの指摘があった一方で、共有の状態が続かざるを得ない場合もあるから、共有物の利用等の利便性を向上させることは重要であるとの意見があった。
　また、共有物についての一定の権限を有する管理権者を置くことについても検討がされた。これについては、管理権者の選任について共有者全員の同意を得ることができないケースを想定し、不在者財産管理人などの選任と同様に、裁判所が管理権者を選任することについても検討すべきであるとの意見や、共有者に複数の不在者がいる場合に1人の管理権者を選任することができるとすることにつき、利益相反の観点からも検討する必要があるとの指摘があった。そのほか、共有者全員が合意しない限りすることができない変更・処分や、共有者の持分の過半数で定めることができる管理に関する事項、共有者が単独ですることができる使用・保存行為の範囲等の見直しや、共有者に不明者がいる場合の取扱い、共有物の利用方法に関する共有者間の特約の在り方などについて検討がされた。

次に、共有の解消に関し、裁判所による共有物分割以外の方法として、共有者の一部が不明である場合には、他の共有者は、相当の償金を支払って不明共有者の持分を取得することができるとすることについて検討がされた。これに関しては、共有者の持分割合が判明しているケースと共有物であることは判明しているがその持分割合が判明していないケースを分けて議論をすべきであるとの指摘や、共有者の一部が持分の移転に反対しているケースや不明共有者の持分が過半数を超えているケースでこのような持分の取得を認めることについては慎重であるべきとの指摘、持分の取得だけでなく登記の移転についても裁判所の関与なく行う方法を検討すべきであるとの意見などがあった。
　また、共有者の1人が共有物を長期間占有している場合に、取得時効等を理由に無償で他の共有者の持分を取得することについて検討がされ、取得時効の時効期間の起算点をどのように設定するのかが問題になるとの指摘があった。そのほか、裁判による共有物分割に関し、共有物分割の方法に関する判例の内容と民法の文言が乖離しており、判例の内容を民法に明記すべきとの意見や、現物分割が原則であり全面的価格賠償などの方式が例外であることについても見直すことを検討すべきとの意見があった。
　さらに、遺産共有の状態にある土地につき、遺産分割を促進し、遺産共有を解消する方策として、遺産分割に期間制限を設け、この制限を徒過した場合には、遺産共有の状態にあった財産を通常の共有に移行させる方策について検討がされた。これについては、遺産共有の状態がいつまでも続くのは問題であり、このような方策を置く方向で更に検討する必要があるとの意見があったほか、この方策の対象を不動産のみに限定すると、その余の遺産の分割で具体的相続分に沿った財産を分配することが困難なことも多く、その対象を不動産に限定すること等には慎重であるべきとの指摘や、遺産分割協議中の期間の進行など期間制限の在り方については慎重に検討すべきとの指摘があった。

**（登記の公開の在り方等）**
　登記の公開の在り方等については、①登記名義人等の特定方法の見直し並びに②登記名義人等に関する登記事項及び公開の在り方の見直しの論点について議論を行った。

まず、①登記名義人等の特定方法の見直しに関しては、不動産登記と戸籍等との情報連携等の観点から、その特定のための要素について議論が行われた。現在の不動産登記法は、氏名又は名称及び住所をもって登記名義人等を特定しているが、閲覧に供しないのであれば、特定の正確性を担保する観点からは、性別、本籍、生年月日、特定の個人を識別するための符号その他の情報等、その特定に有益な情報を幅広く保有してもよいのではないかとの意見があった。これに対し、個人情報保護の観点からすれば、公開しないとしても保有する情報は保有目的との関係で必要な限度にとどめるべきであり、個人を識別するための符号等によって個人の特定を完全に網羅することができるのであればそれで足りるのではないかとの意見があった。

　また、個人を識別するための符号等によってどこまで不動産登記と戸籍等との情報連携ができるかについて全体像を示す必要があるとの指摘があった。さらに、個人を識別するための符号等による不動産登記と戸籍等との情報連携は、将来発生する相続については有効であるものの、過去に発生した相続については役に立たないとの意見があった。

　次に、②登記名義人等に関する登記事項及び公開の在り方の見直しに関しては、個人情報に対する国民の意識の高まりを受け、公開する情報の範囲等について議論が行われた。情報の公開を受ける者の利害関係の大小により、公開する情報の範囲に差を設けてはどうかとの意見があった。また、登記名義人等本人の希望がある場合にはその住所を非公開とすることや、公開請求がされた場合には登記名義人等に通知して公開の可否についての承諾を得ることなど、主観的な面から公開の在り方を考えることもあり得るとの意見があり、その場合には事務手続の負担上どこまで対応することができるかも問題であるとの指摘があった。

　仮に住所を非公開としても、建物の種類が居宅である場合には住所が推測されることがあるとの指摘に対しては、登記はもともと公示のための制度であるのでやむを得ないとの意見がある一方で、公示を前提とする登記制度が創設された当時からは時代が変わり、人々の意識も変化しているので、公示機能と個人情報保護のバランスの観点から、公示の在り方について検討する必要があるとの意見もあった。さらに、DV被害者等の住所に係る特例的な取扱いを一般的に拡大していくべきではないかとの意見があった。

# 第2章

## 資料
~議事要旨と研究会資料~

| 登記制度・土地所有権の在り方等に関する研究会　第1〜7回の議題 |

第1回（平成29年10月2日開催）（51頁）
(1) 本研究会の検討事項について
(2) 本研究会の進め方について

第2回（平成29年12月19日開催）（55頁）
(1) 対抗要件主義の検証について
(2) その他

第3回（平成30年1月31日開催）（65頁）
(1) 近時の動向について
(2) 登記の義務化の是非について
(3) 土地所有権の強大性について

第4回（平成30年2月23日開催）（76頁）
(1) 変則型登記の解消について
(2) 土地所有権の放棄について

第5回（平成30年3月27日開催）（85頁）
(1) 相隣関係の在り方について
(2) 登記手続の簡略化について(1)

第6回（平成30年4月23日開催）（97頁）
(1) 財産管理制度の在り方について
(2) 登記手続の簡略化について(2)
(3) 中間取りまとめの方向性について

第7回（平成30年5月28日開催）（111頁）
(1) 共有の在り方について
(2) 登記の公開の在り方等について
(3) 中間取りまとめについて

登記制度・土地所有権の在り方等に関する研究会第１回会議　議事要旨

第１　日時　平成２９年１０月２日（月）１８：００～２０：５５
第２　場所　一般社団法人金融財政事情研究会本社ビル２階第１会議室
第３　出席者（役職名・敬称略）
　座長　山野目章夫
　委員　沖野眞已，垣内秀介，加藤政也，金親均，佐久間毅，水津太郎，鈴木泰介，橋本賢二郎，松尾弘
　関係官庁　最高裁判所，国土交通省，農林水産省，林野庁，財務省，法務省
第４　議事概要
　１　開会
　　⑴　座長挨拶等
　　　冒頭に，山野目章夫座長から挨拶がされ，その他のメンバーが自己紹介を行った。
　　⑵　議事及び資料の取扱い等
　　　非顕名の議事要旨を作成し，これを，委員名簿及び研究会資料とともに，一般社団法人金融財政事情研究会のウェブサイトに掲載して公表することとされた。
　２　本日の議題（自由討議）
　　【登記制度の在り方】
　　①　対抗要件主義の検証
　　・　取消し等の意思表示による物権変動でも対抗要件主義が働かない場面があり，丁寧に検証する必要がある。
　　・　所有者不明土地問題で指摘されている相続登記の未了問題は，仮に登記を物権変動の効力要件とする効力要件主義を採用しても変わらないのではないか。
　　・　効力要件主義に変更する場合には，動産や債権譲渡，特別法なども含めて法制度全体を横断的に検討しなければならない。
　　・　検討に当たっては，②登記の義務化の是非の議論と連続性をもって議論すべきである。
　　②　登記の義務化の是非
　　・　義務違反の要件及びその認定手続に関する規律や違反の効果について，細かく議論する必要がある。
　　・　相続登記未了の問題に関連して，遺産分割に期限がないことから，遺産分割による登記にインセンティブが必要ではないか。
　　・　相続登記の場面では登録免許税を廃止すべきではないか。
　　・　戸籍情報などと連携して死亡情報を共有化する仕組みを考えてはどうか。
　　・　住所と名前しか記録されていない登記に戸籍情報をつなげるためには様々なハードルがある。
　　③　登記手続の簡略化
　　・　時効取得に関して，時効取得している一定の蓋然性がある場合に仮登記的な登記をすることを考えることができないか。
　　・　登記官がどうやって占有を認定するか，権利に関する登記については，形式的

審査とされていることとの関係を検討する必要がある。
- 登記の真正性を担保する措置を講じた上で、単独申請することができる登記手続の範囲を拡大することがあり得るのではないか。

④ 変則型登記の解消
- 権利能力なき社団にも登記能力を付与し、法人格のない地縁団体名義の登記を認めてはどうか。
- 一定の公告手続を経た上で登記記録を閉鎖あるいは所有権の保存の登記をしてはどうか。

⑤ その他
- 現在の個人情報への意識の高まりを踏まえ、個人の住所及び氏名を登記事項として記載し、公開している現状について、改めて点検する必要はないか。

【土地所有権の在り方】
① 土地所有権の強大性
- 「強大」について何との比較なのかが明らかでない。
- 所有権制度の歴史を踏まえて具体的な問題として設定する必要がある。

② 土地所有権の放棄の可否等
- 土地所有権に伴う様々な負担を誰がどのように分担するかという観点から検討を行い、規律の明確化を図ることができるとよい。
- 放棄を認めると、土地に利用価値があった時期には利益を得ていた者が、価値が下落して不要になったら放棄することを許容することになる。
- 土地以外の財産を含めて全体的に検討する必要がある。

③ 相隣関係の在り方
- 民法の規定は明治時代の生活を前提とした古い規律になっており、日照権の問題や建築基準法制で定められた規律等についてどこまで民法に取り込むかを整理する必要がある。
- 隣接地所有者には境界を確認する義務を課すべきではないか。

④ 共有地の管理等の在り方
- 民法の規律が現代の問題を処理しきれているかを見定める必要がある。
- 共有物分割に関する判例法理を踏まえた所要の見直しが必要である。

⑤ 財産管理制度の在り方
- 申立権者の範囲について見直すべきである。
- 東日本大震災での経験を踏まえた法制上の整備を図る必要がある。

3 閉会

研究会資料1

本研究会の検討事項について

## 第1 本研究会の検討課題

　近年，不動産登記簿等の所有者台帳により所有者が直ちに判明せず，又は判明しても連絡がつかないため，所有者を特定することが困難となっている土地の存在が，公共事業の用地取得や，農地の集約化，森林の適正な管理を始めとする様々な分野で共通の問題となっている。
　この問題を契機として，バブル崩壊後の不動産に対する国民の意識の変化等が相続登記の未了の土地を増加させ，不動産登記制度の公示機能の低下を招いているのではないかといった指摘や，土地所有権に関する規律が必ずしも社会の変化に適合していないのではないかといった指摘がされている。
　このような状況の中，「経済財政運営と改革の基本方針２０１７」（本年６月９日閣議決定）等の政府の基本方針においても，「今後，人口減少に伴い所有者を特定することが困難な土地が増大することも見据えて，登記制度や土地所有権の在り方等の中長期的課題については，関連する審議会等において速やかに検討に着手」することとされた。
　そこで，本研究会においては，登記制度や土地所有権の在り方等の中長期的課題について，民事基本法制の視点から，その論点や考え方等を整理することとする。

## 第2 具体的な検討事項

　今後の人口減少社会を見据えた登記制度・土地所有権の在り方等について，民事基本法制の観点から，以下の事項を含め，どのような事項を検討すべきか。

1 登記制度の在り方
　(1) 対抗要件主義の検証
　　○ 登記を物権変動の対抗要件とする現在の規律は，どのような機能を果たしているか。仮に，登記を物権変動の効力要件に改めるなど，登記の法的性質を見直すとすれば，どのような課題があるか。
　　○ 民法第１７７条に関する判例法理について，何らかの立法措置を行うべき点はないか。
　(2) 登記の義務化の是非
　　○ 権利に関する登記（特に相続による登記）の申請の義務化について，どのように考えるか。仮に義務化する場合には，その違反の効果について，どのように考えるか。
　　○ 権利に関する登記（特に相続による登記）を登記官が職権ですることについて，どのように考えるか。
　(3) 登記手続の簡略化
　　○ 相続による登記の手続について，簡略化すべき点はないか。
　　○ 時効取得を原因とする登記の手続について，簡略化すべき点はないか。
　　○ 既にされている権利に関する登記の抹消の手続について，簡略化すべき点

　　　　ないか。
　(4)　変則型登記の解消
　　　○　表題部所有者欄が変則的な記載となっている土地（記名共有地，共有惣代地，字持地等）の登記を解消する方策について，新たな規律を設ける必要があるか。
　(5)　その他
　　　○　登記の公開の在り方について，どのように考えるか。

## 2　土地所有権等の在り方
　(1)　土地所有権の強大性
　　　○　我が国における土地所有権は，諸外国に比べて強大であるという指摘について，どのように考えるか。
　(2)　土地所有権の放棄の可否等
　　　○　土地所有権の放棄に関する規律を設けることについて，どのように考えるか。放棄された土地の受け皿の在り方について，どのように考えるか。仮に規律を設ける場合にはどのような規律とすべきか。
　　　○　土地所有者が土地の管理を事実上放棄している場合における土地所有権の在り方について，どのように考えるか。
　　　○　所有者のない土地に関する規律について，見直すべき点はないか。
　(3)　相隣関係の在り方
　　　○　相隣関係に関する規律について，現代化を図る観点から見直すべき点はないか。
　(4)　共有地の管理等の在り方
　　　○　共有地の保存，管理に関する事項，変更・処分に関する規律について，見直すべき点がないか。仮にこれを見直すとすれば，どのような課題があるか。
　　　○　共有物分割に関する規律について，判例法理を踏まえて明確化を図ることができないか。
　(5)　財産管理制度の在り方
　　　○　不在者財産管理制度及び相続財産管理制度について，見直すべき点はないか。
　(6)　その他

　　　　　　　　　　　　　　　　　　　　　　　　　　　　　　　　　　　　以上

登記制度・土地所有権の在り方等に関する研究会第2回会議　議事要旨

第1　日時　平成29年12月19日（火）18:00～21:00
第2　場所　きんざいセミナーハウス2階第2研修室
第3　出席者（役職名・敬称略）
　座長　山野目章夫
　委員　沖野眞已，垣内秀介，加藤政也，金親均，佐久間毅，水津太郎，鈴木泰介，橋本賢二郎，松尾弘
　関係官庁　最高裁判所，国土交通省，農林水産省，林野庁，財務省，法務省
第4　議事概要
 1　開会
 2　本日の議題
　【対抗要件主義の検証】
　①　意思主義の検証
　・　所有者不明土地問題への対応として，登記申請を促進する必要があることに異論はないが，物権変動についての意思主義を見直すまでの必要があるのか。
　・　意思主義のメリットとして，当事者の意思によって物権変動の時期をコントロールすることを可能とすることにより，所有権留保，譲渡担保などの工夫をすることが可能となっている。
　・　物権変動の要件に係る意思主義の問題と物権変動の公示の問題とを切り離して考えるのではなく，物権変動のプロセスの中に，民法第177条が規定する「登記をしない限り第三者に対抗することができない」との規律を取り込んで民法第176条の意思主義を捉えるべきではないか。
　②　対抗要件主義の検証
　（相続と登記に関する判例法理について）
　・　共同相続と登記について，判例は，無権利の法理により，共同相続人から法定相続分を超えて財産を譲り受けた者と他の共同相続人との関係は対抗関係にならないとしているが，法定相続分は相続人間の内部的な割合を定めているにすぎず，第三者との関係では相続財産全体について完全に無権利ではないと考えれば，対抗関係とすることも可能ではないか。
　・　判例が，遺産共有状態は暫定的な権利関係であることから，登記をしないことを寛容に捉えて，法定相続分については登記なくして譲受人に対して権利取得を対抗することができるとしていることに肯定的な見解もあるところであり，相続の場面において無権利の法理が採用されている場面を丁寧に検討し，その実質的根拠について改めて考える必要がある。
　・　相続登記未了状態を早期に解消するために，遺産分割手続に期限を設けることも考えられるが，期限やその違反の効果をどうするのかなどを含め，民事法制に限定されない政策的な観点からの検討が必要である。
　・　相続放棄の場面においては，相続放棄のあったことを他の相続人が知らないこともあり，対抗問題に帰せしめて他の相続人に不利益を課すこととしてよいの

か。
- 相続登記を促進するための方策は，登録免許税の減免など，民事法制上の措置以外のものもあるのではないか。

(取得時効と登記に関する判例法理について)
- 現在の判例法理は，論理的に一貫しており，その一部を変えると一貫性を維持することができるか疑問である。
- 時効完成前の第三者についての判例法理によると，いつまでも登記なくして時効取得による権利変動を対抗することができることとなり，登記の公示機能の観点からは問題があるものの，善意の占有者に対して時効完成後の登記を期待することは難しい。
- 再度の時効取得や担保物権の設定が絡む局面においては，複雑な規範となっており，規律の明確化のためには，その検討も行う必要がある。
- 土地所有者以外の管理者の時効取得について，どのようなルールを採用するかは，民事法制上の問題に限られない政策的課題である。

③ 効力要件主義の採用の是非
- 現在，対抗要件主義の下で様々な制度が構築されているため，効力要件主義を採用した場合の影響の大きさを考える必要がある。
- 今後百年，二百年後のことを想定してどのような制度が相当なのかという観点からの検討も必要である。
- 効力要件主義を採用することにより登記の公示機能が高められることになるのは，主に意思表示に基づく物権変動の場面であって，当面の課題である相続登記未了の問題に対応することができるのか疑問である。
- 効力要件主義の下では，第二買主が登記を先に備えた場合には，第一買主は土地の所有権に基づく請求ではなく，債権侵害による不法行為責任を追及することが考えられるが，それが認められる場合は限定的である。
- 第二買主の売買契約が公序良俗違反により無効となることも考えられるが，公序良俗違反とされる状況と判例上民法第177条の「第三者」に当たらない背信的悪意者とされる状況とは必ずしも一致するものではなく，どのような場合に第一買主が保護されることになるのか不透明になるのではないか。
- 建物，動産，債権，担保物権についての取扱いはどうするのか。
- 別途，民法第94条第2項の類推適用を認める判例法理や登記の公信力などの不実の登記に対する信頼の保護について検討する必要があるのではないか。
- 破産管財人が民法第177条の「第三者」とされていることへの影響や民事手続上の観点からの検討も必要である。

3　閉会

研究会資料２

対抗要件主義の検証について

## 第１　問題の所在

　いわゆる所有者（所在）不明土地は，一般に，「不動産登記簿等の所有者台帳により，所有者が直ちに判明しない，又は判明しても連絡がつかない土地（所有者の所在の把握が難しい土地）」と定義される。

　「所有者不明土地問題研究会」（座長：増田寛也元総務大臣）の報告によれば，平成２８年度地籍調査における所有者追跡調査に基づいて推計した所有者不明土地の面積は約４１０万ヘクタールであり，九州の土地面積と同水準に上るとされる。そして，将来の死亡者数の増加やアンケート調査から算出した相続未登記率を考慮すると，所有者不明土地は今後も増加し，２０４０年までに所有者不明土地が新たに約３１０万ヘクタール発生すると予測され，同年の所有者不明土地の面積は，合計約７２０万ヘクタールに上ると推計されている。

　このような所有者不明土地の発生の要因について，民法上，不動産登記を不動産物権変動の対抗要件とする，いわゆる対抗要件主義が採用されていることが原因の一つではないかという指摘がある。すなわち，私的自治の原則を前提とする対抗要件主義の下，権利に関する登記の申請をするかどうかが当事者の意思に委ねられており，不動産登記が実体法上の権利関係又は権利変動と一致しない事態を生ずることが制度上許容されていることが，人口減少局面に入って土地の需要が相対的に減少し，土地の資産価値が全体として低下していくことも予想される社会状況と相まって，所有者の所在の把握が困難な土地を増加させる一因となるのではないかというものである。

　このような指摘を踏まえ，現行法において対抗要件主義が果たしている役割や課題について，改めて検証することとしたい。

　なお，不動産登記と実体法上の権利関係又は権利変動とを一致させる手段に関する論点としては，今後検討する予定の登記の義務化の是非や登記官の職権による登記の在り方等もあるが，対抗要件主義は物権変動の優劣に関する紛争の予防・解決のための実体法上のルールであるから，登記に関する他の論点とは一応別個に取り上げることとする。

## 第２　不動産物権変動における対抗要件主義の検証

　民法は，第１７６条において，物権の設定及び移転は，当事者の意思表示のみによって，その効力を生ずるとする一方（意思主義），第１７７条において，不動産に関する物権の得喪及び変更は，不動産登記法その他の登記に関する法律の定めるところに従いその登記をしなければ，第三者に対抗することができないと規定する（対抗要件主義）。

　不動産登記と実体法上の権利関係又は権利変動の一致を確保する観点から検討するに当たっては，対抗要件主義のみならず，その前提である意思主義が，登記とは関係なく物権変動が生ずることを許容していることについても，あわせて検証する必要があるため，民法第１７６条及び第１７７条の順で検討することとする。

## 1 民法第176条に関する検証
**（考えられる検討課題）**

現在の我が国において，不動産物権変動に関する意思主義は，実際上どのような機能を果たしているのか。また，どのような課題があるか。

**（検討の視点の例）**
- 民法第176条によれば，物権変動の時期等の物権変動のプロセスは，法律行為の当事者がその意思に基づいてコントロールすることができるものとされているが，そのメリットは，どのような点にあるか。
- 例えば，売買契約により不動産の所有権が移転したが，所有権の移転の登記がされていない場合において，第三者が目的不動産を不法占拠したときは，判例上，不法占拠者は，民法第177条の「第三者」に当たらないと解されている。そのため，買主は，不法占拠者に対し，登記なくして所有権の取得を主張することができる。
他方，所有権が移転していない場合であっても，買主は，売主に対する債権を有しており，明渡請求権の代位行使や債権侵害の不法行為に基づく主張も可能であるところ，登記なくして所有権が移転するとすることのメリットは，どのような点にあるか。
- 特に土地は，国民の諸活動にとって不可欠な基盤であり，限られた貴重な資源であるなど他の財産とは異なる性格を有し，その所有権の変動は公示の要請が強いにもかかわらず，当事者の意思のみによって物権変動プロセスがコントロールされることについて，課題はないか。

**（補足説明）**

民法第176条の趣旨については，民法起草時においては，物権変動における当事者の意思の尊重の理念と，物権変動について厳格な方式を定めていたローマ法の社会に比べて取引が頻繁となった当時の社会状況に鑑み，取引の便宜を図るため，意思主義を採用したと説明されている（第14回法典調査会議事速記録〔明治27年5月22日〕，梅謙次郎・民法要義巻之二5頁〔明治29年〕）。他方，起草者の一人は，登記法を完備することができれば，ドイツのように登記を物権変動の要件とする形式主義（効力要件主義）を適当とする旨を述べている（富井政章・民法原論第2巻56頁〔明治43年〕）。

その後，不動産物権変動を巡る制度とその運用は，様々な変遷を遂げてきたが，民法第176条は，民法制定以来，平成16年に現代語化されただけで，その内容は変更されていない。

## 2 民法第177条に関する検証
### (1) 検証の視点

民法第177条については，民法制定後，夥しい数の判例法理が形成されており，これに対する評価も様々な観点からされ得るところである。ここでは，現在

形成されている判例法理が，不動産登記と実体法上の権利関係又は権利変動とを一致させるために，どのような機能を果たしているのかという観点から，判例法理を整理し，検証することとする。

（補足説明）
　判例は，大連判明治４１年１２月１５日民録１４輯１３０１頁以降，民法第１７７条に規定する「不動産に関する物権の得喪及び変更」の意義について，法律行為によるものか否かを区別せず，全ての物権変動を含むとする見解（物権変動無制限説）を採用している。
　他方，判例は，大連判明治４１年１２月１５日民録１４輯１２７６頁以降，同条に規定する「第三者」の意義について，当事者及びその包括承継人以外の者であって，不動産に関する物権の得喪及び変更の登記の欠缺を主張する正当の利益を有するものとする見解（第三者制限説）を採用している。
　登記を申請するインセンティブを高めることにより不動産登記と実体法上の権利関係又は権利変動とを一致させる観点からすると，一般的に見れば，民法第１７７条が適用される場合については登記申請のインセンティブが高まる一方，同条が適用されない場合にはそのインセンティブが弱まるものと考えられる。
　この点について，判例法理は，「物権の得喪及び変更」の意義については物権変動無制限説をとり，全ての物権変動について民法第１７７条の適用可能性を認めている一方で，「第三者」の意義については第三者制限説をとり，登記をしなくても権利者が保護される場合を認めており，どのような場合に民法第１７７条が適用されるか（対抗問題として取り扱うか）については，物権変動の原因ごとに詳細に場合を分けて検討している。
　そこで，民法第１７７条が適用されるか否かについて，物権変動の原因ごとに判例法理を整理し，対抗問題として取り扱われていない場面を抽出して，これを中心に検証を進めることとする。

(2)　相続と登記に関する判例法理
　所有者不明土地が発生する要因の一つとして，相続登記が未了のまま放置されていることが指摘されているところであり，所有者不明土地問題の解決のためには，相続と登記に関する規律について，網羅的に検討することが重要と考えられる。

（考えられる検討課題）
　相続と登記に関する判例法理には，対抗関係として取り扱われている場合と対抗関係として取り扱われていない場合とがあるところ，特に対抗問題として取り扱われていない場面について，登記申請のインセンティブが弱まる場合があると考えられることとの関係で，どのように考えるべきか。また，現在審議中の法制審議会民法（相続法）部会において対抗問題として取り扱う場面を拡張することが検討されているが，その他所有者不明土地問題の解決策として相続と登記に関

する規律の明確化・見直しを検討する余地はないか。

(検討の視点の例)
- 長期にわたって相続登記が未了となる原因としては，所有権の登記名義人が死亡し，共同相続状態となっているものの，遺産分割がされないままとなっているために，登記も申請されないままとなっている場合が多いものと考えられる。そこで，共同相続の場面における法定相続分についても対抗問題として取り扱われていないことをどのように考えるか（なお，共同相続の場面に関連して，遺産分割に一定の期限を設けることについてはどのように考えるか。）。
- 相続放棄の申述は，平成19年には約15万件であったのに対し，平成28年には約20万件まで増加しているが，相続放棄の場面においても，当該放棄者の債権者が相続財産を差し押さえることがあり得る。そこで，相続放棄により権利を取得する者と相続放棄者の債権者等との関係について，対抗問題として取り扱われていないことをどのように考えるか。
- 特定遺贈については，遺言執行者があるか否かによって，対抗問題として取り扱われるか否かが決定されている。この点については，相続法部会において，相続人からの譲受人については，善意者保護規定を設けることで対応しつつ，相続債権者や相続人の債権者については，遺言執行者の有無にかかわらず，その権利行使を認めることとすることにより，遺言の内容の実現と取引の安全との調和を図ることとしているが，かかる規律が所有者不明土地問題との関係で，どのような位置づけを持つことになるのか。
- 人口減少局面に入って土地の需要が相対的に減少し，土地の資産価値が全体として低下していくことも予想される状況においては，共同相続人のいずれも土地の取得を望まない事態が多発することも考えられるが，所有者不明土地問題の解決に当たって，相続のあらゆる場面において，対抗要件主義を導入するという立法措置を行うとした場合には，どのような法制上の措置が考えられるか。

(判例法理と法制審議会における検討状況)
ア　対抗問題として取り扱われている場面
- 相続介在型二重譲渡（最判昭和33年10月14日民集12巻14号3111頁）
- 遺産分割（遺産分割後の第三者につき，最判昭和46年1月26日民集25巻1号90頁。遺産分割前の第三者については，民法第909条ただし書の問題となるが，一般に，第三者がその適用を受けるためには，登記を備えることが必要と解されており，実質的には対抗問題として取り扱われる。）
- 特定遺贈（遺言執行者がある場合及び遺言執行者として指定された者が就職承諾前の場合を除く。），死因贈与（最判昭和39年3月6日民集18巻3号437頁）

イ　対抗問題として取り扱われていない場面

- 共同相続における法定相続分（最判昭和38年2月22日民集17巻1号235頁）
- 相続分の指定（最判平成5年7月19日集民169号243頁）
- 相続させる旨の遺言（最判平成14年6月10日集民206号445頁）
- 特定遺贈（遺言執行者がある場合及び遺言執行者として指定された者が就職承諾前の場合。最判昭和62年4月23日民集41巻3号474頁）
- 相続放棄（最判昭和42年1月20日民集21巻1号16頁）
- 相続人の欠格・廃除（大判大正3年12月1日民録20号1019頁）

ウ　法制審議会民法（相続法）部会における要綱案のたたき台について
　法制審議会民法（相続法）部会における議論を参照

(3) 取得時効と登記に関する判例法理
　（考えられる検討課題）
　　所有者不明土地においては，所在不明所有者以外の者が当該土地を占有しており，取得時効が成立することもあり得ると考えられる。取得時効と登記に関する判例法理は，占有と登記のいずれを尊重するかについて，複雑な処理をしているが，この点について，どのように評価すべきか。また，取得時効と登記に関する規律の明確化・見直しを検討する必要はないか。

　（検討の視点の例）
- 価値が低く，利活用が困難な土地は，占有も登記もされずに，所有者不明土地になりやすいところ，土地の管理をする占有者がいる場合には，この者を保護することが，社会経済上の利益になるという考え方もあり得る。取得時効と登記に関するあるべきルールを検討するに当たっては，占有と登記のいずれに重点を置くべきと考えられるか。
- 取得時効と登記に関する判例法理は，実際上の処理について合理的な結論を導いているという評価がある一方で，論理的一貫性に欠け，予測可能性が低いという指摘もあるところ，規律の明確化や見直しについて，どのように考えるか。
- 諸外国においては，取得時効の要件に登記の存在を関連づける立法例があるが（例えば，ドイツにおいては，「土地の所有権を取得していないにもかかわらず，土地登記簿にその所有者として登記されている者は，その登記が30年間存続する場合において，この間にその者が土地を自主占有していたときは，その所有権を取得する。」とする登記簿取得時効制度がある。），効力要件主義の採用の是非と関連し，どのように評価すべきか。

　（判例法理）
① 時効取得者は，占有開始時点における土地所有者や，時効完成前に土地所有権を取得した者との間では，対抗問題とはならず，登記がなくても所有権の取得を対抗できる（大判大正7年3月2日民録24輯423頁，最判昭和41年11月

２２日民集２０巻９号１９０１頁）。
② 時効取得者は，時効完成後に土地を譲り受けた者との間では，対抗問題となり，登記がなければ所有権の取得を対抗できない（大連判大正１４年７月８日民集４巻４１２頁）。
③ 時効期間の起算点については，必ず時効の基礎となった事実が開始した時点とすべきであり，時効援用者がこれを任意に選択し，時効完成時期を早めあるいは遅らせることはできない（最判昭和３５年７月２７日民集１４巻１０号１８７１頁）。
④ ②において，時効完成後に土地を譲り受けた者が登記を備えた場合でも，その登記後も更に占有者が占有を継続し，登記時点から時効期間が経過したときには，占有者につき新たに取得時効が完成し，登記がなくても上記譲受人に所有権の取得を対抗できる（最判昭和３６年７月２０日民集１５巻７号１９０３頁）。
⑤ 時効取得者は，時効の援用により占有開始時にさかのぼって土地の所有権を取得し，その旨の登記をした場合，時効完成後に土地に抵当権を設定してその旨の登記を備えた者に対して，抵当権設定登記の時から更に占有を継続したことにより取得時効が完成したと主張することは，起算点を後の時点にずらすことになるから（③参照），取得時効を援用することはできない（最判平成１５年１０月３１日集民２１１号３１３頁）。
⑥ 不動産の取得時効の完成後，所有権移転登記がされることのないまま，第三者が原所有者から抵当権の設定を受けて抵当権設定登記を了した場合において，不動産の時効取得者である占有者が，その後引き続き時効取得に必要な期間占有を継続したときは，占有者が抵当権の存在を容認していたなど抵当権の消滅を妨げる特段の事情がない限り，占有者は，不動産を時効取得し，その結果，抵当権は消滅する（最判平成２４年３月１６日民集６６巻５号２３２１頁）。

(4) その他の判例法理
（考えられる検討課題）
　そのほか，民法第１７７条の適用を巡っては，様々な判例法理があるが，これらにつき，規律の明確化・見直しを検討する必要はないか。

（判例法理）
ア　対抗問題として取り扱われている場面
　　・　法律行為の取消し後に利害関係に入った第三者（大判昭和１７年９月３０日民集２１巻９１１頁）
　　・　解除前又は解除後に利害関係に入った第三者（合意解除に関する最判昭和３３年６月１４日民集１２巻９号１４４９頁によれば，解除前の第三者には民法第５４５条第１項が適用されるが，登記をしていなければこの第三者に当たらないとされている。）
イ　対抗問題として取り扱われていない場面
　　・　無効な法律行為に基づく譲受人（大判昭和５年４月１７日新聞３１２１号１

1頁）
- 法律行為の取消し前に利害関係に入った第三者（大判昭和4年2月20日民集8巻59頁。詐欺の場合は，民法第96条第3項が適用されるが，登記をしていなくても第三者に当たるとされている（最判昭和49年9月26日民集28巻6号1213頁参照）。）

ウ 登記がなくても物権変動を対抗できる第三者
- 転々譲渡の前主（最判昭和39年2月13日集民72号145頁）
- 不法行為者，不法占拠者（大連判明治41年12月15日民録14輯1276頁など）
- 背信的悪意者（最判昭和31年4月24日民集10巻4号417頁など）
- 通行地役権の承役地が譲渡された場合において，譲渡の時に，承役地が要役地の所有者によって継続的に通路として使用されていることがその位置，形状，構造等の物理的状況が明らかであり，かつ，譲受人がそのことを認識していたか又は認識することが可能であったとき（最判平成10年2月13日民集52巻1号65頁）

## 第3 効力要件主義の採用の是非
（考えられる検討課題）
　諸外国においては，登記を不動産物権変動の効力発生の要件とする，いわゆる効力要件主義（形式主義）を採用するものがあるが，我が国において，不動産登記と実体法上の権利関係又は権利変動をより一致させ，登記の公示機能を高めるために，効力要件主義を採用することについて，どのように考えるか。

（検討の視点の例）
- 法律行為による不動産物権変動（売買，抵当権設定等）につき，登記を効力要件とすると，現行民法第177条を巡る複雑な法解釈を簡明化するメリットがあるが，そのほか，現在の取引慣行や登記実務から見て，どのようなメリットがあるか。
- 登記を効力要件とする際には，所有権の変動と他の制限物権の変動とを同様に取り扱うべきか。
- 不動産物権変動に効力要件主義を導入するとしても，相続等の法律行為によらない不動産物権変動についてまで，登記を効力発生の要件とすることは困難と考えられる。その場合，相続等による物権変動を登記に反映させるための方策として，どのようなものが考えられるか。
- 不動産物権変動において登記を効力要件とした場合には，相続以外の法律行為によらない不動産物権変動（取得時効，建物新築，法定地上権，差押え（民事執行法第46条第1項），土地収用（土地収用法第48条第1項），滞納処分（国税徴収法第68条第1項）など）について，どのような影響を与えると考えられるか。
- 不動産物権変動において登記を効力要件とした場合には，法律行為の取消しや解除といったいわゆる復帰的な不動産物権変動について，どのような影響を与えると考えられるか。物権行為の無因性（ドイツ）については，どのように考えるべきか。

- 不動産物権変動において登記を効力要件とした場合には，動産物権変動においても引渡し（動産譲渡登記を含む。）を効力要件とする必要はないか（ドイツ）。学説には，不動産物権変動については登記を効力要件とすべきであるのに対し，動産物権変動については現行法の規律を維持すべきとするものがあるが，そのような取扱いについて，法制上の課題はないか。
- 不動産物権変動において登記を効力要件とした場合には，債権譲渡における通知（債権譲渡登記を含む。）・承諾の取扱いについて，どのように考えるか。
- 効力要件主義の導入は，所有者不明土地問題の解決のために，どの程度有効な方策といえるか。

登記制度・土地所有権の在り方等に関する研究会第３回会議　議事要旨

第１　日時　平成３０年１月３１日（水）１８：００～２１：００
第２　場所　一般社団法人金融財政事情研究会本社ビル２階第１会議室
第３　出席者（役職名・敬称略）
　座長　山野目章夫
　委員　加藤政也，金親均，佐久間毅，水津太郎，鈴木泰介，橋本賢二郎，松尾弘，山本隆司
　関係官庁　最高裁判所，国土交通省，農林水産省，林野庁，法務省
第４　議事概要
　１　開会
　２　本日の議題
　【登記の義務化の是非について】
　⑴　登記申請の義務化の是非
　　ア　権利に関する登記（特に相続登記）の申請の義務化の是非
　　（登記申請の義務化の必要性について）
　　・　相続登記の場面においては，対抗要件主義が機能しないため，登記申請のインセンティブが働かず，義務化する必要性が大きい。
　　・　相続登記が行われないと，時の経過とともに，権利者がネズミ算式に増加し，登記と実態の不一致が拡大するおそれがある。
　　（対抗要件主義と登記申請の義務化の関係について）
　　・　民法の起草者は，不法占拠者等に対しても，所有権を対抗するためには登記が必要と考えていたものであり，対抗要件主義の下でも，実質的には登記申請の義務を課していたと考えられるのであって，対抗要件主義は，必ずしも登記申請の義務化の理論的な妨げにはならない。
　　・　対抗要件主義が機能して登記申請へのインセンティブが働く売買等の取引の場面ではなく，対抗要件主義が機能しない相続の場面に焦点を当てて検討してはどうか。
　　・　対抗要件主義が機能しない場面において登記の申請を義務化する場合には，時効完成前の第三者に関する取得時効と登記の判例法理との関係について整理する必要がある。
　　（登記申請を義務化した場合の実効性について）
　　・　登記申請を義務化した場合には，商業登記については，義務違反を容易に把握することができるため実効性があるが，不動産登記については，義務違反を容易には把握することができず，仮に登記申請を行ったことにより義務違反が判明するのであれば，義務違反の発覚を恐れてかえって登記申請が行われなくなる懸念もあるのではないか。
　　・　登記申請の義務違反によって所有権を失うという効果を設ける場合には，土地を不要と考えている義務違反者をかえって利することとなるのではないか。
　　（権利と公示の不一致を解消するための手段について）

- 権利と公示の不一致を解消するための手段としては，登記申請の義務化のほかに，登録免許税の減免によるインセンティブの付与や，対抗要件主義の適用範囲の拡大などがあり，これらの手段を総合的に検討すべきである。

（その他）
- 登記申請を義務化することにより、法定相続の登記をさせた後に遺産分割の登記をさせることとなると、登録免許税を2回払わなければならなくなるのではないか。
- 登記申請を義務化するのであれば，土地を所有しない自由を認める必要があり，所有権の放棄を認める枠組みが必要となるのではないか。
- 登記申請を義務化するのであれば、不動産登記法の目的を、権利の明確化による土地の有効な利用といったところまで拡張する必要があるのではないか。

イ 権利に関する登記（特に相続登記）を登記官が職権ですることの是非
（職権登記を認めた場合の問題点）
- 二重譲渡の場面で，職権による登記を認めると対抗要件主義に抵触してしまうため、対抗要件主義が機能する場面については職権による登記を認めるべきではない。
- 登記申請の義務を履行しないときに職権による登記を認めるとした場合には、かえって登記申請が放置される恐れがある。
- 自分の情報は自分で管理するという観点からは、あくまで自分が登記申請を履行することが原則であり、それが難しい状況がある場合に職権による登記を認めるにとどめるべきである。
- 職権による登記は、登記名義人が死亡している場合にのみ認めるべきと考えられる一方、登記名義人が死亡していることのみを公示する制度とした場合には、数次相続が発生していることが公示上判明しないのではないか。

ウ その他
- 情報連携を積極的に活用して戸籍等の内容を登記記録に記録することができないか。
- 現在のシステムでは，人の死亡事実についての情報だけ得ても、死亡者が所有していた物件の情報と紐付けることができないため、これらの情報をどう結びつけるかが課題である
- 所有者探索を容易にするため、登記と住民票情報を連携する必要があるのではないか。

(2) 土地所有権の「強大性」

ア 「所有権絶対の原則」の意義について
- 現行法上は、「所有者は、法令の制限内において、自由にその所有物の使用、収益及び処分をする権利を有する。」（民法第206条）という規定があり、所有権絶対の原則に大きな意味はないが、所有権尊重の理念は広く根付いており、必要もなく所有権を制限する立法はできない。
- 所有権絶対の原則は、土地所有に関する封建的支配を排除し、身分の平等を明らかにするために用いられた概念であり、所有権は本来無制限ではないとの

観点がベースにあることから、法令による所有権の制限は、元々可能とされてきた。
イ 土地の所有権と土地以外の物の所有権の違いについて
- 土地以外の物は、誰かが生み出して承継されていくものであるのに対し、土地はそうではなく、究極的には公共的なものである。
- 土地の特殊性に鑑みれば、土地を利用する必要性があれば、所有権から離れて土地を利用することが考えられるのではないか。

ウ その他
- 土地所有権を制約する立法を検討するとして、補償の要否については、隣地通行権を参考に、土地の有効利用と所有権の制限の最小化を図る観点から検討されるべきである。
- 所有者不明土地につき、所有者の同意なく公共的目的で利用を開始し、利用が長期にわたった場合に利用者が所有権を取得するという制度の導入が考えられる。
- そのような制度においては、所有者不明土地の利用権を取得した者の占有が他主占有であるにもかかわらず、一定期間が経過することにより、その土地の所有権を取得することになり、現行民法の取得時効制度との乖離が大きい。無主の土地が国庫帰属する仕組みを用いるなど、別の制度の創設を検討すべきではないか。
- 所有者不明土地の利用者による占有が、ある時点で他主占有から自主占有になると構成する場合には、占有の性質が変わる際に公的宣言が必要であると考えられ、そのような公的宣言を制度化することの可否も含めて検討し、説得力ある制度を検討する必要があるのではないか。

3 閉会

研究会資料3-1

登記の義務化の是非について

第1 登記の義務化の是非
　権利に関する登記（特に相続による所有権の移転の登記（以下「相続登記」という。））の申請の義務化について，どのように考えるか。仮に義務化する場合には，その違反の要件及び効果について，どのように考えるか。

　1　現行法上，権利に関する登記の申請は，国に対する公法上の義務として強制されていないが，その理由について，どのように考えるか。
　　（補足説明）
　　　現在，権利に関する登記の申請は，契約の相手方等に対する私法上の義務として強制されることがあるものの，国に対する公法上の義務としては強制されていない。
　　　これは，権利に関する登記は，不動産に関する権利変動について第三者に対する対抗要件を備えるためにされるものである（民法第177条）から，私的自治の原則に従ってその利益を享受しようとする者が必要に応じてその登記を申請すればよいためであるなどと説明されている。
　　　もっとも，相続登記が未了のまま放置されている土地の存在が社会問題化している現在においても上記の説明が妥当するかどうかについて，権利に関する登記の申請が国に対する公法上の義務として強制されていない理由を改めて検証する必要がある。

　2　権利に関する登記の申請を義務化することは，国家によって，権利者に対して自らが不動産に対する権利を有していることを第三者に公開するよう義務付けるものであり，プライバシーの観点から見て問題があるとの指摘も考えられるが，この点について，どのように考えるか。

　3　権利に関する登記の申請を義務化することは，対抗要件主義（民法第177条）や申請主義（不動産登記法第16条第1項）と矛盾しないか。特に，相続登記の場合については，どのように考えるか。
　　（補足説明）
　　　権利に関する登記の申請を義務化することに対しては，民法が登記を第三者対抗要件としていること（対抗要件主義，民法第177条）と矛盾するのではないかとの指摘が考えられ，相続と登記に関する判例法理などを踏まえ，対抗要件主義が及ばない範囲との関係を整理して詳細に検討する必要がある。なお，今後，対抗要件主義の適用範囲が拡大された場合又は効力要件主義を採用した場合の影響についても留意する必要がある。
　　　また，権利に関する登記の申請を義務化することは，不動産登記における申請主義（不動産登記法第16条第1項）と矛盾するのではないかとの指摘も考えられ，

この点についても，併せて検討する必要がある。

4　相続登記の申請を義務化する必要性について，どのように考えるか。また，その正当化根拠について，どのように考えるか。
　（補足説明）
　　相続登記の申請を義務化する必要性について，どのように考えるか。
　　また，相続登記の申請を義務化する正当化根拠について，不動産登記法第１条の目的のみから導くことができるか，他の説明が必要となるかについても検討する必要がある。さらに，相続登記の申請のみを義務化する場合には，他の登記と区別して，相続登記の申請についてのみ義務化する理由及びその正当化根拠を検討する必要がある。

5　相続登記の申請を義務化する場合に，法定相続分と異なる内容の相続等による所有権の移転（遺言，相続放棄，遺産分割等）がされていることがあり得ることについて，どのように考えるか。例えば，以下の点について，どのように考えるか。
　① 法定相続分と異なる内容の相続による所有権の移転又は生前贈与等が生じていたことを知らずに，申請義務を履行するべく法定相続人の一人により法定相続分による相続登記がされる場合が生じ得ること。
　② 申請義務を履行するために法定相続分による相続登記がされたが，その後，相続放棄や遺産分割がされる場合が生じ得ること。
　（補足説明）
　　相続登記の申請を義務化する場合には，法定相続分と異なる内容の相続等による所有権の移転（遺言，相続放棄，遺産分割等）がされているときに，様々な課題が生じ得る。
　　例えば，①法定相続分と異なる内容の相続による所有権の移転又は生前贈与等が生じていたことを知らずに，申請義務を履行するべく法定相続人の一人により法定相続分による相続登記がされる場合が生じ得るが，このような事態は，公示の観点から見て問題がないか。また，相続人間の無用なトラブルを発生させないか。
　　他方，②申請義務を履行するために法定相続分による相続登記がされたが，その後，相続放棄や遺産分割がされる場合が生じ得る。このような場合には，改めて登記申請をする必要がある。この点について，国民にとって二度手間をかけさせることとなるのではないかとの指摘が考えられるが，登記手続の簡略化や負担軽減についても検討する必要がないか。
　　これらの点について，どのように考えるか。

6　相続登記の申請を義務化する場合に，誰にどのような義務を課すことが考えられるか。特に，以下の点について，どのように考えるか。
　① 義務を課せられる者の範囲
　② 義務を履行すべき期間
　③ 申請すべき登記の内容

（補足説明）
　相続登記の申請を義務化する場合には，その義務の内容をどのようなものとするか，特に，①義務を課せられる者の範囲，②義務を履行すべき期間及び③申請すべき登記の内容について，検討する必要がある。
　このうち，②義務を履行すべき期間については，期間制限を設けるか否か，期間制限を設ける場合にはその起算点及び期間をどうするかについて，検討する必要がある。
　また，③申請すべき登記の内容については，例えば，法定相続分による相続登記をもって足りるとするのか，遺産分割による相続登記をすることを要するものとするのかなどについて，検討する必要がある。

7　相続登記の申請を義務化する場合に，その義務違反の効果として，過料等の罰則を設けることについて，どのように考えるか。特に，以下の点について，どのように考えるか。
① 　考えられる罰則の内容
② 　義務違反を発見する端緒
③ 　罰則を課すための要件
④ 　罰則による実効性
⑤ 　①から④までを踏まえて，罰則を設けることの必要性について，どのように考えるか。

（補足説明）
　相続登記の申請を義務化する場合には，その義務違反の効果として，過料等の罰則を設けることが考えられる。
　もっとも，①１０万円程度の過料の制裁では，登記手続に要する費用がこれを上回り，実効性を欠くのではないかとの指摘があるが，罰則の内容について，どのように考えるか。
　そして，②登記申請がされる場合以外には義務違反が発見されないとすると，義務違反の発見を恐れて登記申請をすることを躊躇する事態が生じ得るが，義務違反を発見する端緒について，どのように考えるか。
　また，③義務違反をもって直ちに罰則を課すのか，履行を勧告した上でその勧告に違反した場合にのみ罰則を課すのかなど，罰則を課すための要件について，どのように考えるか。
　さらに，④義務違反者が罰則を課されても登記申請をしない場合には，登記と実体が一致しない状態が存続し得るが，罰則による実効性について，どのように考えるか。
　⑤以上の検討を踏まえて，罰則を伴う義務とするのか，罰則を伴わない（努力）義務とするのかについて，どのように考えるか。

8　相続登記の申請を義務化する場合に，その義務違反の効果として，民事法上の効果を設けることについて，どのように考えるか。特に，以下の点について，どのよう

に考えるか。
① 考えられる民事法上の効果
② 義務違反の認定主体
③ 義務違反の認定手続
（補足説明）
　相続登記の申請を義務化する場合には，その義務違反の効果として，民事法上の効果を設けることも考えられる。特に，①考えられる民事法上の効果，②義務違反の認定主体及び③義務違反の認定手続について，どのように考えるか。

9　相続登記以外の権利に関する登記の申請の義務化について，どのように考えるか。特に，住所の変更についての登記の申請の義務化について，どのように考えるか。
　（補足説明）
　　相続による移転の登記がされないおそれは，所有権に限られず，抵当権や地上権等においても同様であるとも考えられるが，相続登記以外の相続による権利の移転の登記の申請の義務化について，どのように考えるか。また，相続以外を原因とする場合の権利に関する登記の申請の義務化について，どのように考えるか。
　　特に，現在問題となっている所有者不明土地は，不動産登記簿等の所有者台帳により所有者が直ちに判明せず，又は判明しても連絡がつかないものであるため，住所についての変更の登記についても，申請を義務化すべきではないかとの考え方もあり得るが，どのように考えるか。

## 第2　職権による登記の是非
　権利に関する登記（特に相続登記）を登記官が職権ですることについて，どのように考えるか。

1　現在，権利に関する登記は，職権ですることが認められていないが，その理由について，どのように考えるか。
　（補足説明）
　　現在，権利に関する登記を登記官が職権ですることは，認められていない。
　　これは，不動産登記制度が私的自治の原則が支配している私法上の権利を保護するための制度であるため，登記するかどうかは当事者の自由な意思に委ねるのが適当であると考えられる上，権利変動の当事者がその権利変動についての事情を最もよく知る立場にあるため，当事者の申請によることが登記の正確性の担保に資するからであるなどと説明されている。
　　もっとも，相続登記が未了のまま放置されている土地の存在が社会問題化している現在においても上記の説明が妥当するかどうかについて，権利に関する登記を登記官が職権ですることが認められていない理由を改めて検証する必要がある。

2　職権による権利に関する登記を認めることは，国家によって，権利者の意思にかかわらず，その者が不動産に対する権利を有していることを第三者に公開するもので

あり，プライバシーの観点から見て問題があるとの指摘も考えられるが，この点について，どのように考えるか。

3　職権による権利に関する登記を認めることは，対抗要件主義（民法第１７７条）や申請主義（不動産登記法第１６条第１項）と矛盾しないか。特に，相続登記の場合については，どのように考えるか。
（補足説明）
　職権による権利に関する登記を認めることに対しては，民法が登記を第三者対抗要件としていること（対抗要件主義，民法第１７７条）と矛盾するのではないかとの指摘が考えられ，相続と登記に関する判例法理などを踏まえ，対抗要件主義が及ばない範囲との関係を整理して詳細に検討する必要があるのではないか。なお，今後，対抗要件主義の適用範囲が拡大された場合又は効力要件主義を採用した場合の影響についても留意する必要がある。
　また，職権による権利に関する登記を認めることは，不動産登記における申請主義（不動産登記法第１６条第１項）と矛盾するのではないかとの指摘も考えられ，この点についても，併せて検討する必要がある。

4　職権による相続登記を認める必要性について，どのように考えるか。また，その正当化根拠について，どのように考えるか。
（補足説明）
　職権による相続登記を認める必要性について，どのように考えるか。
　また，職権による相続登記を認める正当化根拠について，不動産登記法第１条の目的のみから導くことができるか，他の説明が必要となるかについても整理する必要がある。
　さらに，職権による相続登記のみを認める場合には，他の登記と区別して，相続登記についてのみ登記官が職権ですることを認める理由及びその正当化根拠を検討する必要がある。

5　職権による相続登記を認める場合に，法定相続分と異なる内容の所有権の移転（遺言，相続放棄，遺産分割等）がされていることがあり得ることについて，どのように考えるか。例えば，法定相続分と異なる内容の相続又は生前贈与等が生じていた場合に，これを知らずに，職権で，法定相続分による相続登記がされる場合が生じ得ることについて，どのように考えるか。
（補足説明）
　法定相続分と異なる内容の所有権の移転（遺言，相続放棄，遺産分割等）が生ずることによって，様々な課題が生じ得る。
　例えば，法定相続分と異なる内容の相続による所有権の移転又は生前贈与等が生じていたことを知らずに，職権で，法定相続分による相続登記がされる場合が生じ得る。しかし，このような事態は，公示の観点から見て問題がないか。また，相続人間の無用なトラブルを発生させないか。

これらの点について，どのように考えるか。

6 職権による相続登記を認める場合に，どのような内容とすることが考えられるか。特に，以下の点について，どのように考えるか。
① 職権ですることができる登記の内容
② 職権により登記を行う要件
③ 職権により登記を行うための手続

7 職権による相続登記を認める場合に，登記官は，どのようにして所有権の登記名義人の死亡の事実等を把握することができるか。
（補足説明）
　職権による相続登記を認める場合に，登記官が職権発動の端緒となる所有権の登記名義人の死亡の事実等をどのようにして把握するかについて，検討する必要がある。なお，検討に当たっては，不動産登記簿が物的編成主義を採用し，氏名（名称）及び住所により登記名義人を特定していることから，ある者が死亡したとの情報に接したのみでは，その者が所有権の登記名義人となっている不動産を直ちに特定することができない場合がある点に留意する必要がある。

8 職権による相続登記を認める場合に，登記官の調査権限について，どのように考えるか。また，不動産登記簿と他の台帳等との情報連携がされた場合に，どのような情報を得，これをどのように活用することが考えられるか。
（補足説明）
　職権による相続登記を認める場合には，登記官に対する調査権限を付与する必要があるが，この点について，どのように考えるか。特に，法定相続分と異なる内容の相続による所有権の移転等（遺言，相続放棄，遺産分割等）が生じていることについての調査に関して，どのように考えるか。
　また，不動産登記簿と他の台帳等との情報連携がされた場合に，これによりどのような情報を得，これをどのように活用することが有益と考えられるか。

9 相続登記以外の権利に関する登記の職権による登記について，どのように考えるか。特に，住所の変更についての職権による登記について，どのように考えるか。
（補足説明）
　相続による移転の登記がされないおそれは，所有権に限られず，抵当権や地上権等においても同様であるとも考えられるが，相続登記以外の権利の移転の登記の職権による登記について，どのように考えるか。また，相続以外を原因とする場合の権利に関する登記の職権による登記について，どのように考えるか。
　特に，現在問題となっている所有者不明土地は，不動産登記簿等の所有者台帳により所有者が直ちに判明せず，又は判明しても連絡がつかないものであるため，住所についての変更の登記についても，職権による登記を認めるべきではないかとの考え方もあり得るが，どのように考えるか。

研究会資料3-2

## 土地所有権の「強大性」について

### 第1 問題の所在

　我が国においては，公共の福祉のために所有権を制約することが可能とされているにもかかわらず（憲法第12条，第13条，第29条，民法第1条第1項，第206条，土地基本法第2条等），所有権の絶対性の観念が広く浸透しているため，土地所有権を制約する立法が困難であるとして，土地所有権の「強大性」が指摘されることがある。この土地所有権の強大性が我が国における公共的な土地利用を妨げ，所有者不明土地を有効利用するに当たっての大きな障害となっているとの根強い見方もある。

　他方，土地所有者の所在が不明な場合については，土地収用法における不明裁決制度など，一定の手続を経て，公共の福祉のために土地所有権を制約することを可能にする各種の制度的手当てが存在する。また，政府においては，所有者不明土地を公共的目的で円滑に利用することを可能にする法律案を通常国会に提出することが目指されるなど，新たな動きも見られる。

　そこで，今回は，土地所有権の強大性について検討することとしたい。

### 第2 検討課題

#### 1 土地の所有権と土地以外の物の所有権の異同

　土地の所有権と土地以外の物の所有権との異同は何か。

**（検討の視点の例）**
- 民法における所有権の限界に関する諸規定（第三章第一節）は，ほとんどが土地所有権に関するものであるところ，民法が土地所有権についてのみ特別の規律を設けている意義をどのように考えるか。
- 土地の所有権と建物の所有権との差異は何か。

#### 2 所有権絶対の原則

　近代私法における指導原理としての「所有権絶対の原則」は，現行民法の所有権制度において，どのような意義を有するか。

**（検討の視点の例）**
- 民法においては，私権は公共の福祉に適合しなければならないとされ（第1条第1項），所有権の内容は法令の制限に服するとされており（第206条），一般に，所有権絶対の原則は修正されたものと理解されているが，同原則は現行法制においてどのような影響を残しているか。
- 土地所有権を制約するものとして，公共の福祉に立脚した各種の公法的規制があるところ，民法の所有権制度は，これらの規制の限界を画する機能を有しているか。
- 土地所有権者による無権利者に対する権利の行使が権利濫用とされることもあり（宇奈月温泉事件等），民法は，権利濫用法理（民法第1条第3項）により，土地所有権をむしろ劣弱なものとしている面があるとの指摘について，どのように考え

るか。
## 3 土地基本法と土地所有権
土地基本法第2条が掲げる土地についての公共の福祉優先の基本理念は，民事基本法制における土地所有権の在り方を検討するに当たり，どのような意義を有するか。
（検討の視点の例）
- 土地についての公共福祉優先の基本理念は，現行民事基本法制上，どのように評価されるか。
- 民事基本法制において，土地所有権を制約する立法を検討するとして，土地基本法の基本理念が果たす役割はどのように考えられるか。

## 4 所有権を制限する法令
民法は，所有権は「法令」の制限を受ける旨規定しているが，この「法令」の意義をどのように考えるべきか。
（検討の視点の例）
- 大日本帝国憲法下では，緊急勅令による所有権の制限が可能と考えられていたが，日本国憲法下において，法律以外で所有権を制限することは可能か。
- 所有者不明土地は維持管理が放棄されていることも多いと考えられるところ，こうした維持管理放棄地については，例えば，いわゆる草刈り条例により，条例上一定の制約が課せられているが，このことをどのように評価すべきか。
- 民事基本法制において，土地所有権を制約する立法を検討するとして，補償の要否についてはどのように考えられるか。無償の地上権や無償の地役権が認められていることをどのように評価すべきか。

## 5 所有者不明土地の公共的目的での使用・取得
所有者不明土地につき，土地所有権に一定の制約を課し，所有者の同意なく公共目的で利用又は取得することの意義について，民事基本法制の観点からはどのように考えられるか。
（検討の視点の例）
- 所有者不明土地の利用の円滑化等に関する特別措置法案（仮称）においては，地域住民等のための新たな事業として地域福利増進事業（仮称）を創設することとされ，所有者不明土地につき，都道府県知事が事業を行う者に対して10年間を上限とする利用権を設定し，所有者からの異議がなければ延長も可能とされている。他方，延長の結果，当該事業が長期間に及んだ場合の土地の所有権の帰属等については，民事基本法制との整合性を踏まえつつ，引き続き検討することとされている。
当該事業が長期間に及んだ場合に，事業を行う者に土地所有権を与えることにつき，民事基本法制の観点からは，どのように考えられるか。
- 所有者不明土地を，憲法上許される範囲で公益目的で使用することは，民事基本法制上は妨げられないと考えてよいか。
- 所有者不明土地を，憲法上許される範囲で公共の所有とすることは，民事基本法制上は妨げられないと考えてよいか。

登記制度・土地所有権の在り方等に関する研究会第4回会議　議事要旨

第1　日時　平成30年2月23日（金）18：00～21：00
第2　場所　味覚糖UHA館TKP溜池山王カンファレンスセンター
第3　出席者（役職名・敬称略）
　座長　山野目章夫
　委員　沖野眞已，垣内秀介，加藤政也，金親均，佐久間毅，水津太郎，鈴木泰介，橋本賢二郎，松尾弘，山本隆司
　関係官庁　最高裁判所，国土交通省，農林水産省，林野庁，財務省，法務省
第4　議事概要
　1　開会
　2　本日の議題
　【変則型登記の解消について】
　(1)　変則型登記の実態について
　　・　変則型登記（いわゆる記名共有地や共有惣代地，字持地，表題部所有者の住所が記録されていない氏名のみの土地などの表題部の所有者欄が変則的な記録となっている登記）を解消するためには多大な費用や労力が必要である。
　　・　変則型登記の解消に至らず，土地の取引をすることができない事例もある。
　　・　認可地縁団体の不動産登記申請の特例（地方自治法第260条の38及び第260条の39）を活用して，変則型登記を解消することができた事例がある。
　　・　同特例を活用することができない場合には，例えば，所有権の保存の登記を受けるために，訴訟を提起し，擬制自白とならないように被告に出頭を求めた上で，勝訴判決を得るという取扱いもあるが，煩雑である。
　　・　職権で表題部所有者の更正の登記をしようとしても，所有者を認定することができるまでの心証に至る疎明資料がないのが実情である。
　(2)　変則型登記の解消手段について
　　・　訴訟によらずに簡易に所有者を確定させる手続があっても良いのではないか。
　　・　登記官の職権による所有権の更正の登記を行うための法制上の措置を講ずることが必要ではないか。
　　・　権利能力のない社団のうち，自治会などの組織等がしっかりとしたものについては，登記能力を認めることも考えられるが，権利能力のない社団についてはその後の同一性判断が困難であるし，現在は非営利法人の法人格取得が比較的容易に認められるため，権利能力のない社団に登記能力を認める必要性については整理が必要ではないか。
　【土地所有権の放棄】
　(1)　現行法上，土地所有権を放棄できるか
　　・　民法第206条は，「所有者は，法令の制限内において，自由にその所有物の使用，収益及び処分をする権利を有する。」と規定しており，学説上は，同条の「処分」に放棄が含まれると解する見解もあるが，①　民法第239条第2項は，学説

上，所有者がいない不動産は国に帰属すると規定しているにすぎず，所有権の放棄が可能である旨規定しているものではないこと，② 所有権は権利と義務の総体というべきものであることから，所有者の意思で，一方的に放棄して義務を免れることができるとは解し難いこと，③ 仮に，土地所有権を一方的に放棄できるとすると，民法第239条第2項により土地は国庫に帰属し，所有者の一方的意思表示で土地の管理費用等の負担を国に付け替えることができることになり不合理であることなどからすると，現行法上，所有者の単独の意思表示による土地所有権の放棄はできないと解すべきである。
- 土地所有権の放棄を一般的に認めた上で，当該事案においては放棄が権利濫用に当たるとした下級審裁判例があるが，具体的事案を念頭に置くと，土地所有権の放棄が権利濫用にならない場面は考え難いのではないか。

(2) 土地所有権の放棄を可能とする立法措置を講ずるに当たっての問題点
　ア　放棄の要件
- 所有者が所有権を放棄することで，その経済的負担等を免れることを認めるかが根本的問題である。
- 所有者が固定資産税を支払い，適切に管理してきた土地が，自然災害によって危険な状態になり，所有者に過重な負担がかかるような場合にまで土地所有権の放棄が認められないのは酷であることから，広く国民や住民が管理コストを負担することが相当である土地については，一定の要件の下で放棄を認める必要がある。
- 第三者により有害物質が土地に不法投棄され，土地所有者にかかる経済的負担が非常に重いような場合においては，土地所有者が破産しても土地の買受人が現れず，破産財団から放棄されて所有者に土地管理の負担が残ってしまうことが想定され，このような場合には，土地所有権を放棄して管理費用を国等に負担させることも考えられるが，国等に負担させる管理費用の範囲や限度を検討する必要があるのではないか。
- 動産については，定められた手続に従い廃棄され，その手続に経済的負担が伴う場合があり，土地についても，所有者が一定の経済的負担を負うことを条件に所有者としての拘束から免れるシステムを用意する必要があるのではないか。
- 土地の利用の観点から，土地の簡易な競売システムを設け，買受人が現れた場合には，そのまま買受人が土地を利用できるようにし，買受人が現れない場合には，利用されない土地であると認定して，その認定を所有権放棄の要件としてはどうか。

　イ　放棄された土地所有権の帰属先
- 土地の管理費用等の財政負担等の観点から，国，地方公共団体，NPO等のいずれにするのが適切か問題となる。
- 土地がいったん国庫に帰属した場合に，仮にその土地を地方公共団体に利用させようとすれば，土地を適正評価額で地方公共団体に売却しなければならず，臨機応変な土地の利用が困難となる可能性が高いのではないか。

ウ 放棄された土地の管理責任について
- 近隣や地域への危険を減らすという観点からは，個人ではなく，国民全体で土地の管理コスト等を負担すべき場合があり得る。
- 土地の所有者の責任の在り方の観点から，土地所有権を放棄しても，放棄した土地についての損害賠償責任等の責任は残るという規定を設けることも考えられるのではないか。

エ 行政法の観点からの指摘
- 国が私人に財産権を放棄させ，これによって国の財政を潤すことは憲法や土地収用法との関係で認められないのではないか。
- 自然公物関係の法律のように，所有権と管理権とを分けて規定する考え方も参考になるのではないか。

オ 立法の在り方について
- 民法には，「法令に定める手続に従い，所有権を放棄することができる」旨規定するにとどめ，個別の立法で具体的手続を規定するのが望ましいのではないか。
- 所有権放棄の問題は，土地だけでなく，動産や建物にも波及するので，留意する必要がある。

3 閉会

研究会資料4-1

変則型登記の解消について

表題部所有者欄が変則的な記録となっている土地（記名共有地，共有惣代地，字持地，氏名のみの土地等）の登記（以下「変則型登記」という。）を解消する方策について，どのように考えるか。

1 変則型登記とは
（補足説明）
　所有権の登記のない土地の登記記録の表題部所有者欄には，所有者の氏名又は名称及び住所並びに所有者が二人以上であるときはその所有者ごとの持分を記録する必要がある（不動産登記法第27条第3号）。
　しかしながら，実際には，①「A外○名」などと記録され，「A」の住所並びに他の共有者の氏名及び住所が登記記録上記録されていない土地（以下「記名共有地」という。）や，②「共有惣代A」，「共有惣代A外○名」などと記録され，A以外の者や「外○名」の氏名及び住所が登記記録上記録されていない土地（以下「共有惣代地」という。），③「大字○○」，「大字○○惣代」等の大字名や集落名などの名義で表題部所有者が記録されている土地（以下「字持地」という。），④表題部所有者に氏名のみが記録されており，その住所が登記記録上記録されていない土地（以下「氏名のみの土地」という。）など，表題部所有者欄が変則的な記録となっている土地が存在する。
　これは，いわゆる登記簿・土地台帳一元化作業の際に，「未登記の土地について所有者の氏名のみで住所の記載が洩れている場合は，そのまま所有者の氏名だけを移記する。なお，所有者欄に，例えば「大字何」又は単に「共有者」と記載されている場合も，そのままの表示で移記する。」とされていたこと（昭和42年3月20日付け民事甲第666号法務省民事局長通達「登記簿・台帳一元化実施要領」第31の4参照）に起因するものであると考えられる。
　土地台帳に「大字何」などと記載されていた理由については様々な歴史的経緯があり，また，その所有形態などについても以下のとおり類型ごとに一定の傾向はあるものの，個別の土地ごとに異なっている（詳細については，所有者の所在の把握が難しい土地への対応方策に関する検討会「所有者の所在の把握が難しい土地に関する探索・利活用のためのガイドライン第2版」90頁以下を参照）。
⑴ 記名共有地については，個々人による（狭義の）共有物である場合もあるが，墓地や山林など入会地として集落等で所有管理されていた総有の土地の場合もある。
⑵ 共有惣代地については，狭義の共有の場合は少なく，集落等で所有管理されていたものが多いと言われている。
⑶ 字持地については，かつて地域の共同体の財産であった場合が多く，財産区（地方自治法第294条）が所有する土地になっていることが多いと言われている。

2 変則型登記による所有者不明土地に係る問題点は，相続登記未了による所有者不明土

地に係る問題点と比べてどのような違いがあるか。
（補足説明）
　変則型登記については，戸籍等の公的記録のみから所有者を特定することが困難であり，歴史的な経緯や管理状況等を詳細に調査しなければ所有者を特定することができないものが多いなど，変則型登記による所有者不明土地に係る問題点は，相続登記未了による所有者不明土地に係る問題点と比べて違いがあると考えられる。また，所有権の保存の登記は，表題部所有者又はその相続人その他の一般承継人以外には，所有権を有することが確定判決によって確認された者であるか，収用によって所有権を取得した者でなければ，申請することができない（不動産登記法第74条第1項）ため，表題部所有者欄が変則的な記録となっていることは，所有権の登記をすることの大きな妨げとなる。
　これらの点について，どのように考えるか。

3　変則型登記を解消するために現行法上採られている方策については，どのような課題があるか。
（補足説明）
　変則型登記を解消するために，現行法上次のような方策が採られている（詳細については，所有者の所在の把握が難しい土地への対応方策に関する検討会「所有者の所在の把握が難しい土地に関する探索・利活用のためのガイドライン第2版」90頁以下を参照）が，これらの方策について，どのような課題があるか。
⑴　記名共有地及び共有惣代地については，その共同所有の形態が①狭義の共有である場合と，②総有である場合により，具体的な方策が異なる。
　①狭義の共有である場合において，共有者全員を特定することができたときは，表題部所有者の更正の登記等の申請をする。ただし，共有者に不在者がいる場合には不在者財産管理制度，当該共有者が既に死亡し，その相続人のあることが明らかでない場合には，相続財産管理制度をそれぞれ活用して，表題部所有者の更正の登記等の申請をする。
　②総有である場合においても，共有者全員を特定することができたときは，表題部所有者の更正の登記等の申請をする。ただし，共有者や相続人が極めて多数にわたる場合には，ⅰ認可地縁団体が所有する不動産に係る登記の特例（地方自治法第260条の38及び第260条の39）の活用による所有権の保存又は移転の登記や，ⅱ入会林野等に係る権利関係の近代化の助長に関する法律の活用による所有権の移転の登記，ⅲ表題部所有者を被告とする所有権確認訴訟を提起し，確定した確認判決に基づく所有権の保存の登記の申請をすることなどの方策（なお，平成10年3月20日民三第552号民事局第三課長通知・登記情報39巻9号48頁参照）を採ることが考えられる。
⑵　字持地については，その土地が財産区（地方自治法第294条）の所有である場合には，表題部所有者を当該財産区とする表題部所有者の更正の登記の申請をする。これに対し，その土地が戦時体制の強化のために組織された町内会等の所有であった場合には，昭和22年政令第15号に基づき市町村が所有しているかどうかを調査し，表題部所有者の更正の登記等の申請をする。

⑶ 氏名のみの土地については，表題部所有者の住所が判明した場合には表題部所有者の更正の登記の申請をすることが考えられるが，所有者が不在者である場合には不在者財産管理人を活用して，表題部所有者の更正の登記等の申請をする。

4 変則型登記を解消するための方策として，登記官の職権による表題部所有者の更正の登記を進めていくことについて，どのような課題があると考えられるか。
（補足説明）
表題部所有者を含む表示に関する登記は，登記官が職権ですることができ（不動産登記法第28条），登記官は，必要があると認めるときは，表題部所有者を調査することができることとされている（同法第29条第1項）。
そこで，変則型登記を解消するための方策として，登記官が，職権で，表題部所有者の調査を行い，表題部所有者の更正の登記を進めていくことが考えられるが，この方策を進めるに当たって，どのような課題があると考えられるか。

5 変則型登記を解消するための新たな法制上の措置を講ずる場合には，どのようなものが考えられるか。
（補足説明）
今後，更に人口減少社会が進んでいく場合には，変則型登記の土地について，その所有者調査はますます困難となり，問題が深刻化することが予想される。
そこで，変則型登記を解消するために新たな法制上の措置を講ずることが考えられるが，例えば，①所有者の特定までの手続，②所有者が特定できた場合の措置，③所有者が特定できなかった場合の措置について，それぞれどのような法制上の措置が考えられるか。

研究会資料4－2

土地所有権の放棄について

1 土地所有権の放棄に関する現行法の解釈
 現行民法上，土地所有権の放棄は可能か。
 （補足説明）
  民法上，物権の放棄に関しては，共有持分の放棄（第255条），地上権・永小作権の放棄（第268条，第275条，第398条），承役地の所有権の放棄（第287条）などの規定があるものの，所有権の放棄についての規定は存在しないが，土地所有権の放棄は可能か。可能であるとして，その法的性質はどのように考えられるか（相手方のある単独行為かなど）。
  なお，土地所有権の放棄の可否についての最高裁判例は見当たらないが，最近の下級審裁判例（広島高裁松江支部平成28年12月21日判決）がある。
  また，参考となる登記先例（昭和41年8月27日民甲第1953号民事局長回答）がある。

2 土地所有権の放棄に関する立法措置
(1) 土地所有権の放棄を可能にする立法措置をとることについて，どのように考えるか。
 （補足説明）
  ア 民法上，所有者のない不動産は国庫に帰属するとされており（第239条第2項），この規律を維持しつつ土地所有権の放棄を可能とした場合，放棄された土地は，直ちに国庫に帰属することとなると考えられるのに対し，新たな立法措置を講ずれば，国以外の機関を帰属先とすることも考えられる。
  イ 土地所有者は，土地の工作物の設置又は保存に瑕疵があったり，竹木の栽植又は支持に瑕疵があったりした場合には，不法行為責任を負い（第717条），また，用途に応じて固定資産税等の租税負担を負うため，放棄された土地の帰属先は，所有権を取得することにより一定の管理責任とそのコストを負担することになる。
   また，土地所有権の放棄を広く認めると，地価が高騰していた時期には，土地を投機対象とし，土地を所有することで大きな利益を得ていた者が，地価が下落して土地の資産価値が失われると，土地所有権を放棄することも可能になりかねない。
   さらには，相続を承認し，預貯金などの財産からは利益を得ておいて，活用が困難な土地については，管理責任とそのコストを免れ，帰属先に転嫁する目的で所有権を放棄することも可能になりかねないなどのモラルハザードが生じるおそれがある。
  ウ このような状況のもとで，土地所有権の放棄を可能にする立法措置をとるとして，民事基本法制の観点からは，民法に放棄が可能である旨の規律を置くことだけで足

りるか。帰属先の負担を軽減するとともに，土地所有者のモラルハザードを防止するため，後記(2)のほか，政策的観点から放棄の要件や手続を定める必要があるとも考えられるが，民事基本法制で措置するに当たっては，どのような考慮が必要となるか。

また，土地所有権の放棄を可能にする規律を設けるとして，土地以外の物の所有権についても，放棄に関する規律を設けることを検討する必要はないか。

⑵　土地所有権の放棄の要件と手続
　土地所有権の放棄を可能にする立法措置をとるとして，その要件及び手続については，どのように考えるか。
　（補足説明）
ア　土地所有権の放棄は，無制限に許容されるか。
　　土地所有権の放棄については，①　原則として放棄を自由に認めつつ，権利濫用や公序良俗違反といった一般条項により限定する考え方，②　土地所有権を放棄するに当たっては，帰属先の同意が必要とする考え方，③　所有権を放棄して土地を国その他の帰属先に帰属させるに際し，一定の費用を納付することを放棄の条件とするという考え方等があり得るが，それぞれにつき，どのように考えるべきか。
イ　土地所有権を放棄するに当たって，誰に対し，どのような方式で放棄の意思表示をすることが考えられるか。黙示の放棄はあり得るか。意思表示をした者が真の所有者であることを含め，放棄の意思表示が適式に行われたことを，誰が，どのようにして確認するか。
ウ　所有権放棄により物権変動が生ずるが，帰属先の所有権の取得は原始取得か承継取得か。不動産登記手続との関係では，どのような事項に留意すべきか。
エ　所有権が放棄された土地の帰属先について，どのように考えるべきか。
　　現行民法においては，「所有者のない不動産は，国庫に帰属する」（民法第２３９条第２項）こととされているが，外国法制においては，地方公共団体や，公共的な機構（いわゆるランドバンク）を放棄された土地の帰属先としている例もある。
　　帰属先としてどのようなものが考えられ，それぞれにいかなる利点及び難点があるか。また，複数の帰属先を併存させる法制も考えられるところ，その場合に，帰属先間の優先順位等をどのように考えるか。

⑶　事実上の管理の放棄について
　所有者が土地の維持管理を事実上放棄している場合に，土地所有権を放棄したとみなすことについて，どのように考えるか。
（補足説明）
ア　所有者不明土地においては，事実上，土地の維持管理が放棄されたものも多いと考えられるところ，このような場合に，所有権者が土地を放棄したものとみなし，

帰属先に移管することが，所有者不明土地を解消するために有効という指摘がある。
　他方，所有権を有する者は，土地を法令の範囲で自由に使用することができ，維持管理をしないことも，他者に害悪を及ぼさない限りは自由であるとも考えられるところ，みなし放棄制度の導入の可否について，どのように考えるか。
　導入が可能であるとして，どのような要件とし，誰がどのような方法で要件の有無を認定するか。
　また，所有権の消滅時効は認められていないこと（民法第１６７条第２項参照）との関係をどのように考えるか。

イ　解散した法人が所有する土地は，一定の要件の下，放棄されたものとみなすことはできるか。また，その要件（清算結了の登記がされた法人や，解散後，長期間が経過していること等）をどのように考えるか。

登記制度・土地所有権の在り方等に関する研究会第5回会議　議事要旨

第1　日時　平成30年3月27日（火）18：00～21：00
第2　場所　一般社団法人金融財政事情研究会本社ビル2階第1会議室
第3　出席者（役職名・敬称略）
　座長　山野目章夫
　委員　沖野眞已，垣内秀介，加藤政也，金親均，佐久間毅，水津太郎，鈴木泰介，橋本賢二郎，松尾弘
　関係官庁　最高裁判所，国土交通省，農林水産省，林野庁，財務省，法務省
第4　議事概要
　1　開会
　2　本日の議題
　　【相隣関係の在り方】
　　(1)　隣地の使用請求
　　　・　民法第209条第1項は，隣地の使用を請求することができる旨規定しているが，実務上，土地の所有者が同項に基づいて隣地を使用するに当たっては，隣地所有者の承諾が必要とされている。隣地所有者が所在不明の場合，測量のための立入りができず，土地の売却や建築もできず，見直しが必要である。
　　　・　民法第209条は請求権として規定されているが，形成権としたり民法第210条のように使用権としたりすることもありうるのではないか。
　　　・　民法の相隣関係の規定は，請求権，使用権等を区別して規定しており，その意味やバランスを考える必要がある。
　　　・　使用権とされているものは例外的に自力救済を認めているものであるが，第209条の隣地使用にそこまでの緊急性・必要性は認められないのではないか。
　　　・　所有者の全部又は一部の所在が不明かつ使われていない場合と，隣地も住宅で現に人が住んでいる場合とで分けて検討する必要がある。
　　　・　境界確定訴訟を提起する際に原告主張線の特定のために隣地使用の必要が生じることがある。隣地使用について何らかの請求権が必要である。
　　(2)　導管等の設置
　　　・　ライフラインについての規定を定めるべきだが，囲繞地通行権等に関する規定を準用するのか新たな規定を設けるのか，また，その内容をどうすべきか検討が必要である。
　　(3)　所有権の境界
　　　・　境界に関する実体的な規定がないことにより，隣接所有者に境界確認を要請すると不当な要求をされるなどの問題があり，所有権の境界の確認を求めることについての規定は必要である。
　　　・　所有権の範囲の確定は保存行為として何らかの物権的請求（保存請求）と考えることもできるのではないか。
　　(4)　竹木の枝と根

- 自治体は，隣の家から枝が伸びてきて困っているが，隣が所在不明なのでどうしたらよいかと相談されることが多いようだ。竹木所有者が不明・不在などで対応できないときには，枝の切除についての簡易な手続が必要ではないか。
- 根は自力救済で切除できるのに対し，枝は切除を請求しなければならないとされているが，その違いについては，ⅰ根は経済的価値が低いが，枝は実がなるので経済的損失を生じる，ⅱ竹木の所有者からすると，根は隣地に立ち入らないと切れないが，枝は自分の土地で切れる，という説明がされているが，合理的な説明といえるか。

(5) 相隣関係の現代化
- 接境建築や日照等については都市部と農村部で状況が異なり，民法で一律に規定することは難しい。他方，公法的規制の必要性はある。
- 相隣者間の合意による決定にふさわしい事柄ではないのではないか。

【登記手続の簡略化】
(1) 相続による登記手続の簡略化について
- 相続による登記手続が煩雑であるとの指摘があるが，戸籍制度のない国に比べると，戸籍制度のある我が国においては客観的な資料を集めやすい。
- 相続による登記手続がされない原因としては，遺産分割協議が成立しないことが一番の原因であるほか，相続登記に対するモチベーションがないことが考えられる。
- 法定相続分による相続登記がされた後に遺産分割が行われた場合には，これにより所有権を取得することとされた者が遺産分割を原因とする更正の登記を単独で申請することができるようにできないか。
- 遺産分割には遡及効があることからすると，更正の登記によることが実体法に忠実であるが，単独での登記申請を認めるためには不動産登記法第６３条第２項の見直しが必要である。
- 物権変動の過程を登記に忠実に反映させる観点からは，法定相続分による相続登記と，その後の遺産分割を原因とする登記の二段階の登記をすることが望ましいが，その場合にはコストをかけずに登記手続ができるようにすべきである。
- 遺贈や死因贈与等についても，単独での登記申請を認めてよいのではないか。
- 遺贈や死因贈与等について，共同申請の例外を認めることについては慎重な検討が必要である。

(2) 既にされている権利の登記の抹消手続の簡略化について
- 登記名義人が法人（例えば，法律上解散した法人）である場合における「登記義務者の所在が知れない」（不動産登記法第７０条第１項）との要件の見直しを行うほか，同条第３項の規定による登記の抹消手続の対象とならない担保権以外の権利に関する登記の抹消手続についての簡略化を検討することについて，特段の異論はなかった。
- 解散した法人につき清算結了の登記がされている場合においても，実体法上の権利関係が存在している以上，法人格は存続すると考えられることから，実体法と登記との関係について，考え方を整理する必要がある。

- 法律上解散した法人だけでなく，破産手続が終了した会社が抵当権の登記名義人となっている場合についても，当該会社の閉鎖登記簿があるときは「登記義務者の所在が知れない」との要件を満たさず，改めて清算人等を選任する必要があるため，費用などの負担が大きく，簡略化を検討すべきではないか。

3 閉会

研究会資料5－1

相隣関係の在り方について

第1 隣地所有者が所在不明である場合の対応に関するもの
 1 隣地の使用請求について
　(1) 隣地の所有者の所在が不明である場合に，土地の所有者が隣地の使用請求を行う際の手続的負担について，どのように考えるか。
　(2) 測量作業において隣地に立ち入る必要がある場合の隣地の使用請求について，どのように考えるか。

(補足説明)
　(1) 多数説は，土地の所有者が民法第209条に基づいて隣地を使用するに当たっては，隣地所有者等の承諾を要すると解し，実務上も同様の取扱いがされている（東京地判昭和60年10月30日判時1211号66頁参照）。
　　　この考え方によれば，隣地を利用する者がなく，所有者が所在不明である場合は，法律上，隣地所有者を被告として訴訟を提起し，承諾に代わる判決（民法第414条第2項ただし書）を得るに当たり困難がある。
　　　これに対し，例えば，使用請求の意思表示があったときは，隣地所有者等が一時使用の限度で受忍義務を負うこととすれば，隣地所有者が所在不明である場合でも，公示による意思表示（民法第98条）の手続を履むことにより，訴訟を提起せずに隣地を使用することができる場面が一定程度拡大するとも考えられる。
　　　以上につき，どのように考えるか。
　(2) 住宅分譲等の際に，土地所有者又は同人から依頼を受けた者が測量を行うために隣地に立ち入る必要がある場合において，隣地所有者の所在が不明であったり，隣地所有者が立入りに反対したりするときは，対応が困難になるとの指摘があるが，隣地の使用請求権との関係をどのように考えるか。

 2 導管等の設置のための隣地使用について
　　民法には，ライフライン（上下水道，ガス，電気，通信等）の導管・導線・電柱（以下「導管等」という。）の設置のための隣地使用の規定がないことについて，どのように考えるか。

(補足説明)
　　民法は，いわゆる袋地につき，公道に至るための他の土地の通行権（囲繞地通行権）についての規定を置くとともに（第209条から第213条まで），通水のための隣地使用権についての規定を設けているが（第220条，第221条），ライフラインの導管等の設置のための隣地使用権の規定はない。
　　また，各種の法令（水道法，下水道法，電気事業法，ガス事業法等）で，ライフラインに関する公法的な規制がされているところ，下水道法では，排水設備の設置義務

を課せられた土地所有者に，他人の土地に排水設備を設置することができる旨の隣地使用権が明文で認められている（下水道法第10条第1項，第11条第1項）が，その他の法令では隣地使用権の規定がない。

　実務では，ライフラインの導管等の設置のために隣地を使用する必要がある場合には，囲繞地通行権や通水のための隣地使用権に関する民法の規定を類推適用して対応している裁判例が多数存在するが，どの規定を類推適用するかなどの取扱いは必ずしも定まっていない。

　民法の相隣関係の規定は，起草時の生活水準をもとに立案されているから，ライフラインに関する科学技術の発達等を踏まえて，規律を現代化・明確化すべきであり，そのことによって，隣地の所有者の所在が不明である場合でも，現代的な生活を確保できるという指摘がある。他方で，各種のライフラインごとに公共性が異なるので，引き続き，公法上の規律で対応することが適当であるという考え方もあり得る。

　以上について，どのように考えるか。

3　境界について
 (1)　民法上，境界を定めることに関する規定がないことについて，どのように考えるか。
 (2)　境界標の設置・保存に関する規律の在り方について，どのように考えるか。

（補足説明）
(1)ア　旧民法は，境界の確定に関する規定を置き，「凡ソ相隣者ハ地方ノ慣習ニ従ヒ樹石杭杙ノ如キ標示物ヲ以テ其連接シタル所有地ノ界限ヲ定メント互ニ強要スルコトヲ得」（旧民法第239条）としていた。

　　　これに対し，現行民法では，「土地の所有者は，隣地の所有者と共同の費用で，境界標を設けることができる。」（第223条）とされ，境界の確定に関する文言がなくなっている。

　　　この改正の趣旨は，「設けることができる」とすれば相手方に強いることができることが明らかであるし，「共同の費用で」とすれば，隣接土地の所有者双方が揃って工事をするのではなく，一方が工事をした上で費用の償還を受けることができることが明らかであるためと説明されている。
　イ　境界の確定についての実務上の取扱いは，相当程度確定している。

　　　すなわち，民法上の所有権の範囲としての境界（所有権の境界）は，隣接土地の所有者の合意により定めることが可能で，紛争が生じた場合には，所有権確認訴訟によって定められる。また，不動産登記制度の対象となる土地の境界（筆界）は，隣接土地の所有者の合意によって定めることはできず，紛争が生じた場合には，筆界確定訴訟又は筆界特定の手続によって定められる。
　ウ　これに対し，土地の調査・測量の場面では，境界の確定についての明文の規定がないため，境界の確認が困難となる場合があるとの指摘があるが，どのように考えるか。
(2)　民法第223条及び第224条については，隣接土地双方の広さは分かっている

が境界が分からない場合や，境界そのものについては争いがないが，境界標を設置するかどうかについて争いがある場合に関する規定であると説明されている。

これに対して，例えば，境界について争いがある場合に行った測量の費用や，境界標の設置費用については，現実には隣接地所有者に負担させることは困難であり，見直しが必要であるという指摘があるが，どのように考えるか。

4 竹木の枝の切除及び根の切取りについて
民法が，隣地の竹木の枝が境界線を越えるときと根が境界線を越えるときとで規律を区別していることについて，どのように考えるか。

（補足説明）
隣地の竹木の根が境界線を越えるときは，土地所有者は，自らその根を切り取ることができる（第233条第2項）。

これに対して，隣地の竹木の枝が境界線を越えるときは，土地所有者は，竹木所有者に枝を切除させることができるとされるが，竹木所有者が切除に応じない場合は，訴訟を提起し，竹木所有者の費用で第三者に切除させることを請求する必要がある（同条第1項，第414条第2項本文）。

したがって，竹木所有者が所在不明となり，竹木の維持管理がされなくなった場合にも，土地所有者は，法律上，竹木所有者に対する訴訟を提起しなければならないため，不都合であるという指摘がある。

なお，外国法制には，土地所有者は，越境枝により損害を被っている場合には，相当の期間を定めて隣地占有者に対して切除を催告した上で，期間を徒過したときは，自ら枝を切除できるとするものがある（ドイツ）。

以上について，どのように考えるか。

第2 相隣関係の現代化に関するもの
接境建築等の制限や日照・眺望の確保に関する民法上の規律の在り方について，どのように考えるか。

（補足説明）
民法は，境界線付近の建築等の制限についての規定を置いているが（第234条から第238条まで），その特則として，防火地域又は準防火地域内にある外壁が耐火構造である建築物につき，その外壁を隣地境界線に接して設けることができる旨の建築基準法の規定（同法第65条）が設けられるなど，重要な例外がある（最判平成元年9月19日民集43巻8号955頁参照）。

また，建築技術の発達により，土地上の建物の建築に関し，日照・眺望の利益の保護が必要となり，裁判例が積み重ねられるとともに，各種の公法的規制が設けられている。

このような状況を踏まえ，接境建築等の制限や日照・眺望の確保について，民法上の規律の現代化を図るべきであるとする指摘がある。

他方で，接境建築等の制限や日照・眺望の確保は，公法的にきめ細かく対応することが適当であるという考え方もあり得る。
　以上について，どのように考えるか。

第3　その他
　その他，相隣関係やこれに関連する制度の規律の在り方について，見直すべき点はないか。

研究会資料 5－2

登記手続の簡略化について(1)

第1 いわゆる所有者不明土地問題の解決に向けて、どのような登記手続について簡略化を検討すべきか。登記手続の簡略化を検討するに当たり、留意すべき点は何か。
（補足説明）
1 いわゆる所有者不明土地問題の解決に向けた登記手続の簡略化については、例えば、①今後の所有者不明土地の発生を防止する観点と、②既に発生している所有者不明土地への対応の観点から、検討する必要があると考えられる。
　まず、①今後の所有者不明土地の発生を防止する観点からは、例えば、相続による登記手続の簡略化を図ることで、その要因の一つとして指摘されている相続未登記の発生を可能な限り防止していく方策が考えられる。
　他方、②既に発生している所有者不明土地への対応の観点からは、例えば、取得時効によって土地を取得した所有者が、所在の知れない所有権の登記名義人からの時効取得を原因とする所有権の移転の登記手続を簡略化することにより、現在の所有者に登記名義人を改める等の所有者不明土地に係る所有権に関する登記手続を簡略化する方策が考えられる。
　また、公共事業のために用地取得をしようとする場合には、買戻期間の満了後長期間経過した後もそのままになっている買戻しの特約の登記など、所有権以外の権利に関する登記についても、その登記名義人の所在が不明であるときは、迅速な用地取得の支障になり得る。そこで、既にされている所有権以外の権利に関する登記の抹消を簡略化する方策が考えられる。
　このように、いわゆる所有者不明土地問題の解決に向けて、どのような登記手続について簡略化を検討すべきか。
2 もっとも、登記手続を簡略化する場合であっても、不動産登記への信頼を維持するため、登記の真正を確保することが必要となる。また、例えば、登記権利者による単独申請を認める場合には、登記義務者の手続保障という観点からの検討も必要となる。
　このように、登記手続の簡略化を検討するに当たっては、様々な留意点があると考えられるが、この点について、どのように考えるか。

第2 相続による登記手続の簡略化について
1 相続による登記手続が煩雑であるとの指摘について、どのように考えるか。
（補足説明）
　相続による登記手続が煩雑であるとの指摘があるが、相続による登記手続の簡略化を検討するに当たっては、まず、どのような点が「煩雑」であるかについて整理する必要がある。
　例えば、相続人間で遺産分割を行い、相続を原因とする所有権の移転の登記手続を行う事例においては、相続人の確定のために戸籍等の資料を収集した上で、相続

人間で遺産分割協議等を行い，登記申請の添付情報として必要なものを揃えた上で，登記申請を行うこととなるが，どのような点が「煩雑」であるか。

2 相続による登記手続の簡略化に向けて，これまでどのような取組が行われてきたか。
（補足説明）
　相続による登記手続の簡略化に向けて，法務省においては，これまで次のような取組が行われている。
⑴　法定相続情報証明制度の開始
　　相続登記の促進を図るため，平成29年5月29日から，全国の登記所において，登記官が，申出人から提出された戸除籍謄本等によって，法定相続情報を記載した書面（以下「法定相続情報一覧図」という。）の内容を確認し，認証文を付した法定相続人情報一覧図の写しを交付する法定相続情報証明制度が開始された（不動産登記規則第247条及び第248条）。
　　法定相続情報一覧図の写しは，預金の払戻し手続などの各種相続手続に利用できるほか，表題部所有者又は登記名義人の相続人が登記の申請をする場合において，その相続に関して法定相続情報一覧図の写しを提供したときは，当該写しの提供をもって相続があったことを証する市町村長その他の公務員が職務上作成した情報の提供に代えることができ（不動産登記規則第37条の3），相続による登記手続を含めた各種の相続手続の負担の軽減が図られている。
⑵　先例の見直しによる手続の簡素化
　　近時，次のような通達又は通知を発出し，相続による登記の申請手続の負担の軽減が図られている。
　ア　平成28年3月2日付け民二第154号民事第二課長通知
　　　所有権の登記名義人Aの法定相続人であるBとCとの間でCが単独でAの遺産を取得する旨のAの遺産の分割の協議が行われた後にBが死亡し，Bの法定相続人がCのみである場合において，当該協議の内容を明記してCがBの死後に作成した遺産分割協議証明書がCの印鑑証明書とともに提供されたときは，相続による所有権の移転の登記は実行して差し支えないとされた。
　イ　平成28年3月11日付け民二第219号民事局長通達
　　　従前は，相続登記の申請において，除籍等の一部が滅失等していることにより，その謄本を提供することができないときは，「除籍等の謄本を交付することができない」旨の市町村長の証明書に加え，「他に相続人はない」旨の相続人全員の証明書（印鑑証明書付き）の提供を要する取扱いとされていた。この取扱いの開始から50年近くが経過し，長期間にわたり相続登記が放置されていた事案等において，「他に相続人はない」旨の相続人全員の証明書を提供することが困難となっている状況に鑑み，これがなくとも相続登記をして差し支えないとされた。
　ウ　平成29年3月23日付け民二第175号民事第二課長通知
　　　所有権の登記名義人である被相続人の登記記録上の住所が戸籍の謄本に記載された本籍と異なる場合において，被相続人の同一性を証する情報として住民票の写し（本籍及び登記記録上の住所が記載されているものに限る。），戸籍の附票（た

だし，登記記録上の住所が記載されているものに限る。）又は所有権に関する被相続人名義の登記済証が提供されたときは，不在籍証明書及び不在住証明書など他の添付情報の提供を求めることなく被相続人の同一性を確認することができるとされた。
  エ　平成29年３月30日付け民二第237号民事第二課長通知
　　第一次相続の相続人による遺産分割が未了のまま第二次相続及び第三次相続が発生し，その遺産分割協議が第一次相続及び第二次相続の各相続人の地位を承継した者並びに第三次相続の相続人によって行われている場合において，遺産分割協議書に不動産を第三次相続の相続人の一人が単独で相続した旨の最終的な遺産分割協議の結果のみが記載されているときであっても，「年月日Ｂ（第一次相続の相続人）相続，年月日Ｃ（第二次相続の相続人）相続，年月日相続」を登記原因とする所有権の移転の登記の申請がされたときは，昭和30年12月16日付け民事甲第2670号民事局長通達（注）に従って，当該申請に係る登記をすることができるとされた。
　　（注）同通達は，第１及び中間の相続が単独相続である場合（遺産分割，相続放棄又は他の相続人に相続分のないことによる単独相続の場合を含む。）に限り，登記原因及びその日付を連記した上で，所有権の登記名義人から最終の相続人名義に直接相続登記を申請することができるとしている。

**3　法定相続分による相続登記がされた後に遺産分割等が行われた場合に，遺産分割等を原因とする登記手続を簡略化することについて，どのように考えるか。**
　（補足説明）
　　甲土地の所有権の登記名義人であるＡが死亡し，法定相続人として子Ｂ及びＣがいる事例において，Ｂ・Ｃの法定相続分による所有権の移転の登記をすることなく，Ｂ及びＣの間で甲土地をＢの単独所有とする遺産分割協議がされた場合には，Ｂは，不動産登記法第63条第２項に基づき，ＡからＢへの相続を原因とする所有権の移転の登記を単独で申請することができる（昭和19年10月19日付け民事甲第692号民事局長通達）。
　　これに対し，いったんＡからＢ・Ｃへの法定相続分による所有権の移転の登記がされた場合において，その後にＢ及びＣの間で甲土地をＢの単独所有とする遺産分割協議がされたときは，Ｂは，不動産登記法第63条第２項に基づき単独申請することはできない（昭和28年８月10日付け民事甲第1392号民事局長電報回答，昭和42年10月９日付け民三第706号民事局第三課長回答参照）。この場合，Ｂ及びＣは，遺産分割を原因とするＣからＢへの持分全部の移転の登記を共同して申請することとなる（ただし，錯誤を原因とする所有権の更正の登記を共同して申請すべきとの考え方もある。）。これは，共同相続の登記がされている場合には，登記権利者（Ｂ）と登記義務者（Ｃ）がいる以上，両者の共同申請によるのが登記制度の原則であり，登記の真正の確保のため必要であるためなどと説明されている。
　　しかし，相続登記の促進が政府の重要施策とされている現在において，相続開始後に速やかに法定相続分による所有権の移転の登記をし，その後に遺産分割協議を

成立させた人が，法定相続分による所有権の移転の登記をせずに放置し，相当な期間が経過した後に遺産分割協議を成立させた人よりも，手続が煩雑となるのは不均衡であるとの指摘が考えられる。

そこで，法定相続分による相続登記がされた後に遺産分割が行われた場合に，遺産分割を原因とする登記手続を簡略化することについて，どのように考えられるか。また，遺産分割以外の相続放棄，相続分の譲渡などが行われた場合については，どのように考えられるか。

4　その他，相続による登記手続について，どのような簡略化が考えられるか。

第3　既にされている権利の登記の抹消手続の簡略化について
1　登記名義人が法人である場合における「登記義務者の所在が知れない」（不動産登記法第70条第1項）との要件について，見直す点はないか。例えば，登記名義人が法律上解散した法人である場合について，どのように考えるか。

（補足説明）
⑴　登記名義人が法人である場合における不動産登記法第70条第1項に規定する「登記義務者の所在が知れない」とは，例えば，登記記録に当該法人について記録がなく，かつ，閉鎖した登記記録も保存期間が経過して保存されていないため，その存在を確認することができない場合をいうものと解されている（昭和63年7月1日付け民三第3499号民事局第三課長依命通知参照）。

そのため，閉鎖した登記記録が存在する場合には，「登記義務者の所在が知れない」ときには当たらず，不動産登記法第70条第3項の規定による登記の抹消を申請することができない。この場合，裁判所に対して清算人の選任を請求し，清算人との共同申請により登記の抹消を申請するか，清算人が争う場合には清算人を被告として登記抹消請求訴訟を提起し，認容判決を得て，不動産登記法第63条第1項に基づき登記の抹消を申請することとなる。

⑵　産業組合法（明治33年法律第34号）に基づいて設立した産業組合のうち，農業団体法（昭和18年法律第46号）第88条に基づき行政官庁から解散を命じられたものは，これにより解散し，産業組合が有していた融資債権は，産業組合があった地域の市町村農業会に包括承継された。その後，農業協同組合法の制定に伴う農業団体の整理等に関する法律（昭和22年法律第133号）の規定により，全ての農業会は，解散した。

しかし，清算結了の登記がされていない産業組合又は農業会が存在しており，当該産業組合又は農業会が抵当権の登記名義人となっている抵当権の登記については，不動産登記法第70条に基づく抵当権の登記の抹消を申請することができない。この場合には，利害関係人である抵当権設定者からの申請により，農業団体法施行令（昭和18年勅令第713号）第54条第2項の規定に基づいて裁判所が選任した清算人が，抵当権を産業組合から農業会へ移転する登記をした上で，抵当権設定者と当該清算人とが共同して抵当権の抹消登記を申請するものとされている（平成11年6月15日付け民三第1200号民事局第三課長回答）。

このような法律の規定により解散した法人である場合であっても，登記記録が存在するために「登記義務者の所在が知れない」ときには当たらないとして，清算人の選任が必要となることについて，どのように考えるか。
(3) その他，登記名義人が法人である場合における「登記義務者の所在が知れない」（不動産登記法第70条第1項）との要件について，見直す点はないか。

2 不動産登記法第70条第3項の規定による登記の抹消手続の対象とならない担保権以外の権利に関する登記の抹消手続の簡略化について，どのように考えるか。
（補足説明）
(1) 不動産登記法第70条第3項は，担保権（先取特権，質権及び抵当権）に関する登記のみを対象としており，担保権以外の権利に関する登記（所有権，地上権，永小作権，地役権，賃借権，採石権）については対象となっていない。
担保権以外の権利に関する登記について，権利が人の死亡又は法人の解散によって消滅する旨が登記されている場合において，当該権利がその死亡又は解散によって消滅したときは，登記権利者が単独で登記の抹消の申請をすることができる（同法第69条）が，権利が人の死亡又は法人の解散によって消滅する旨が登記されていない場合には，この方法によることはできない。
また，登記義務者の所在が知れないため登記義務者と共同して権利に関する登記の抹消を申請することができないときは，公示催告の申立てを行い，除権決定を得て同法第70条第2項に基づく抹消申請をすることも考えられるが，この方法については，必ずしも利用されていない。
そのため，担保権以外の権利に関する登記について，登記名義人（登記義務者）が所在不明な場合には，同人を被告として登記抹消請求訴訟を提起し，認容判決を得て，不動産登記法第63条第1項に基づき登記の抹消を申請することとなる。
(2) このような担保権以外の権利に関する登記の抹消手続について，その簡略化が考えられないか。
例えば，①買戻期間（民法第580条）を経過した買戻しの特約の登記や，②登記されている存続期間の満了後長期間経過している用益権に関する登記（地上権，永小作権，地役権，賃借権及び採石権），③戦前にされている仮差押えや仮処分の登記（注）などについて，その登記の抹消手続の簡略化が考えられるか。
（注）なお，民事保全法施行（平成3年1月1日）前にした仮差押え又は仮処分の命令の申請に係る仮差押え又は仮処分の事件については，なお従前の例による（同法附則第4条）とされ，事情変更による保全命令の取消しの裁判は終局判決による（同法施行前の民事訴訟法第747条，第756条）こととされている点にも留意する必要がある。

3 その他，既にされている権利の登記の抹消手続について，どのような簡略化が考えられるか。

登記制度・土地所有権の在り方等に関する研究会第6回会議　議事要旨

第1　日時　平成30年4月23日（月）18：00～21：00
第2　場所　一般社団法人金融財政事情研究会本社ビル2階第1会議室
第3　出席者（役職名・敬称略）
　座長　山野目章夫
　委員　沖野眞已，垣内秀介，加藤政也，金親均，佐久間毅，水津太郎，鈴木泰介，橋本賢二郎，松尾弘
　関係官庁　最高裁判所，国土交通省，農林水産省，林野庁，財務省，法務省
第4　議事概要
　1　開会
　2　本日の議題
　　【財産管理制度の在り方について】
　　⑴　財産の一部を管理する仕組みについて
- 「物」に着目して財産を管理するとしても，結局，その効果は「人」に帰属するのであるから，「人」のための財産の管理ということになるのではないか。
- 現行の財産管理制度の基本的な枠組みを前提としても，一部の財産を管理することが否定されているわけではない。
- 財産を管理する目的を踏まえ，必要に応じて，不在者等の財産の一部を管理する管理人を選任するという措置を講じることもあり得るのではないか。
- 共有者のうち複数名が不在で財産を管理することができない状態にある場合において，特別の必要があるときには，処分を目的とする場合はともかく，財産の管理を行うことを目的とする場合には，一人の管理人に財産を管理させることとする制度を設けることもあり得るのではないか。特に，所有者が不明の場合や，所有者を特定することができない場合には，こうした制度を検討する余地があるのではないか。なお，信託の場合に，複数の受益者のための受益者代理人を選任することができるとされていることが参考になる。
- ①物の所有者が一人の場合には，現行の財産管理制度の柔軟化により対応し，②共有者の一部が不明の場合には，一人の管理人により管理することができる方法を検討し，③所有者を特定することができない場合には，不特定の者の財産を管理することができる制度を設けることが考えられるのではないか。もっとも，このような検討をする際にも，権利者（所有者等）である「人」のために財産を管理するという現行の財産管理制度の基本的な枠組みは維持するべきであり，私権をないがしろにしないような仕組みの検討が必要である。
- 本人の意思にかかわらず管理を行うためには，これを正当化する理由が必要であり，一定の目的のために財産の管理を行う必要性が前提になるのではないか。財産管理人選任の目的として，①特定の物が危険な状態があり，管理を行わなければ本人が責任を負う可能性があるし，公益の観点からも問題がある場合に，これを防ぐためにこの危険を除去するという消極目的による場合，②物の利用や取

得を目的とする積極目的による場合が考えられるが，実体法上の要件，効果等を検討する際に，管理人の選任目的によって，管理人の選任方法や管理人の権限が大きく異なることとなるのではないか。物の利用や取得を目的とする積極目的のために不在者等の財産の一部を管理する仕組みを設けることについては，慎重な検討が必要である。また，最終的に本人の所在が判明した場合等にどのような措置を講ずるべきかという点や，補償措置についてもあわせて検討する必要がある。

- 現行の相続財産管理制度の規律について，相続人が不存在であることが判明した場合には，包括的な財産の管理を行う必要があるが，相続人のあることが明らかでない段階においては，相続財産の一部を管理する仕組みとすることもあり得るのではないか。もっとも，相続開始後短期間で相続人の探索を行わずに相続財産の一部の管理を開始することが社会的に許容されるのかという問題はある。
- 現行の財産管理制度の枠組みを踏まえ，これにより対応することができない変則型登記の場合に対する対応を念頭に置いて整理していくことが望ましい。
- 不在者の財産管理及び相続財産の管理については，現在の制度の基本的な枠組みを前提として，その合理的な運用を可能とするための細部の見直しを検討するとともに，いわゆる物単位の財産管理の制度の構想について，理論的な課題が種々存することに留意しつつ，その需要を見極め，適切と認められる場合には，制度の立案を試みるべきである。

(2) 申立権者について

- 所有者不明土地の隣人がどのような場合に「利害関係人」に当たるか等，現在の法制における「利害関係人」の解釈を明確にし，解釈論により対応することができる範囲を明らかにする必要がある。
- 財産管理人の選任申立てを行うために「利害関係」を要求している趣旨は，何ら無関係の者が他人の財産に介入することには問題があるため，申立権者に絞りをかけたものである。
- 不在者の財産については，まずは，家族，親族の意向を尊重するという風潮があり，社会に迷惑をかけている場合，害悪を及ぼしている場合には，本人や家族等の意向に関係なく管理の開始を求めることができるとも考え得るが，本人や家族の意向を一切無視して「利害関係人」として管理の開始を求めることができることとすることが許容されるのか，慎重な検討が必要である。

　仮に，申立権者を拡大するとしても，その目的との関係で限定する必要がある。
- 財産管理人の選任申立てを行う者に複数の層がある場合，これに順序付けをして，下位の者が申立てをしようとする場合には，上位の者の意見を聴くという方法があり得るのではないか。
- 他人による利用や取得を目的とする財産管理人の選任申立てを行うことを認める場合，申立権者の拡大の是非及びその範囲について，慎重な検討が必要である。
- 法務省及び国土交通省が通常国会に提出した所有者不明土地の利用の円滑化等に関する特別措置法案において，市町村長に財産管理人の選任申立権を付与したが，これを民法にも取り込むべきかについても，検討するべきではないか。

【時効取得を原因とする登記手続の簡略化について】
(1) 共同相続人の一部の者による時効取得を原因とする登記手続の簡略化
- 自主占有を認めるための事情に関する最高裁昭和47年9月8日第二小法廷判決（民集26巻7号1348頁）において示された要素を含めて，登記官が共同相続人の一部の者による時効取得の要件充足性を判断することは難しいのではないか。
- 単独申請を認めた上で，他の共同相続人から異議が出た場合に，具体的な判断をするとの仕組みを採用することも考えられるが，これまでの共同申請の原則との考え方からは大きく離れてしまわないか。
- 登記官の形式的審査権を前提にすれば，申請人において取得時効の要件該当性の判断を可能とする資料をいかにまとめることができるかどうかによるのではないか。
- 上記最高裁判決の要素のうち，単独に相続したものと信じて疑わなかったこと以外の要素が満たされていれば，単独に相続したものと信じて疑わなかったことが推認され，必ずしもその事実を立証する必要はないとも考えられるのではないか。
- 不動産登記法第60条は共同申請を原則としていることから，単独申請を可能とする例外規定の設置は慎重に検討すべきであるが，登記手続を簡略化する方法としては，ⅰ時効取得した共同相続人の一部の者による単独申請を可能とした上で，権利を失う者のための手続保障の制度を設ける方法，ⅱ時効取得をしたことについて資格者代理人が調査し，当該調査の結果を添付情報とすることにより，単独申請を可能とする方法，ⅲ他の相続人に異議がないことを添付情報として求めた上で単独申請を可能とする方法等が考えられるのではないか。
- 上記ⅰの簡略化の方法を採る場合には，時効取得の要件充足性の判断が困難であることとの関係で，他の共同相続人等への手続保障は，登記の前に行った方がよいのではないか。
- 共同申請の原則の例外を認めるのであれば，共同相続人の一部の者による時効取得の場面に限定する必要はないのではないか。

(2) 登記義務者の所在が知れない場合の時効取得を原因とする登記手続の簡略化
- ある程度時間がかかるものであってもよいので，権利を失う者の保護を図りつつ，取得時効を原因とする登記手続を簡略化することができるとよい。
- 仮に訴訟を行った場合には，訴訟法上の特別代理人を活用することもあり得るので，そのような制度があることにも留意しておいてもよいのではないか。
- 原則として訴訟を提起しなければならないとすると，訴訟を受ける方も負担が大きいため，簡易な制度があってもよい。例えば，単独申請を可能とした上で，支払督促制度のように，権利を失う者から異議があった場合には訴訟に移行し，手続保障を与えるという方法は考えられないか。
- 価値が低い土地等については，時効取得した者が，費用対効果の観点から訴訟を提起しない場合があるとのことであるが，訴訟に要する費用を低減させることで解決することは考えられないか。
- 制限物権付きの不動産を占有していた場合には，その制限を受けた所有権を時

効取得するにすぎないことから，取得時効による所有権の取得が「原始取得」であることを強調することには慎重であるべきではないか。
3 閉会

研究会資料6－1

財産管理制度の在り方について

## 第1　考えられる検討の方向性

　財産管理制度（不在者財産管理制度，相続財産管理制度）は，共同相続人の一部の所在不明等の場合の遺産分割や，公共事業のための用地取得など，様々な場面で活用されており，所有者不明土地問題への対応策としても機能している。

　他方で，財産管理制度については，①不在者の財産全般又は相続財産全体を管理することとされているため，特定の財産にのみ利害関係を有する場合であっても，財産全体を管理することを前提とした事務作業や費用等の負担を強いられ，事案の処理にも時間を要しているとの指摘や，②利害関係を有する特定の財産が共有である場合には，その財産を管理するために，複数の管理人を選任しなければならず，煩雑であり負担も大きいとの指摘がある。

　このような指摘を踏まえて財産管理制度の見直しをするとすれば，㋐新たに，特定の財産を管理の対象とする制度（「物」に着目した財産管理制度）を設けるという方向と，㋑現行の財産管理制度の枠組み（不在者や相続財産法人という「人」に着目した財産管理制度）を基本的に維持した上で，申立権者の範囲や手続を見直すなどして，利便性を向上させるという方向が考えられる。

　また，現行の財産管理制度は，財産の所有者が誰かは特定しているが，その所在が不明であったり，相続人のあることが明らかでなかったりする場合（以下「所有者特定型」という。）には活用することが可能であるが，土地の登記が変則型登記であるなどの理由で所有者を特定することができない場合（以下「所有者不特定型」という。）には活用が困難であり，こうした場合の対応の在り方もあわせて検討しておくことが考えられる。

## 第2「物」に着目した財産管理制度
## 1「物」に着目した財産管理制度を創設することについて，どのように考えるか。
（補足説明）
- 所有者特定型について，「物」に着目した財産管理制度を創設すれば，管理の対象が特定の物に限定されるため，手続の迅速化と費用の低額化を図ることができるとの指摘がある。

　また，「物」に着目した財産管理制度においては，所有者不特定型に対応できる可能性があるとも考えられる。

　他方で，現行の財産管理制度は，不在者や相続人といった「人」の利益を保護することを主たる目的とするものであるのに対し，「物」に着目した管理制度を創設する場合においては，誰のどのような利益を保護することを主たる目的とすることが考えられるか。

- 不在者の財産や相続財産のうち一部の「物」についての管理を行う制度を創設した場合，管理の開始を申し立てる者が，管理の対象とする「物」を選別することが可能になるため，例えば，比較的価値の高い土地のみが管理対象とされ，価値の低

- 1 -

い土地が放置されることになるとも考えられるが，どのように考えるか。
- 「物」に着目した財産管理は，他人（所有者）の事務を管理するという側面を有するが，事務管理（民法第697条第1項）との関係についてどのように考えるか。

2 仮に，「物」に着目した財産管理制度を創設する場合，その制度の内容についてどのように考えるか。

（補足説明）
(1) 所有者特定型について
　ア　管理の対象
- 所有者不明土地問題への対応という観点からすれば，土地を管理の対象とする制度とすることが考えられるが，どのように考えるか。
- 複数の者の共有状態にあり，一部の共有者が所在不明である土地を，「物」に着目した財産管理制度の対象とする場合，管理の対象は当該土地そのものと考えるべきか，それとも，各共有者の土地の共有持分権であると考えるべきか。
- また，所在の判明している共有者が土地を適正に管理している場合の取扱いについてどのように考えるか。

　イ　財産管理の方法
- 現行の財産管理制度と同様，裁判所が財産管理人を選任して，財産管理人に管理を行わせる方法が考えられるが，管理人に対する報酬が必要となり，手続を利用する者に一定の費用負担が生じることとなることについて，どのように考えるか。仮に，複数の共有者が所在不明であるときに「物」について一人の財産管理人を選任し，又は，複数の共有者に一人の財産管理人を選任することとすると，共有者間に利益相反が生じないか。
- 「物」に着目した財産管理制度の創設を要望する立場は，管理人の権限につき，現行の財産管理制度と同様，保存行為にとどまらず，利用・改良行為や，裁判所の許可を前提とした処分行為を行うことを可能とする制度を念頭に置いていると考えられる。
　　他方，「物」の所有者の利益保護も図る必要があるが，管理人の権限の範囲について，どのように考えるか。

　ウ　その他
- その他，管理開始の要件や申立権者の範囲につき，どのように考えるか。

(2) 所有者不特定型について
- 所有者不特定型の財産管理においては，主に土地の登記が変則的である場合（例：表題部所有者が「Aほか10名」とされている土地や，「村中持」とされている土地などにおいて所有者調査を尽くしても特定できないとき）を念頭に置くことになるが，登記が変則的である土地の中には，共有地や入会地も含まれるものと考えられる。こうした土地においては，権利者が存在している（存在していた）がどこにいる（いた）かが分からないという点で，不在者に類似する部分がある。
　　このような実態を踏まえ，所有者不特定型の財産管理の開始要件や財産管理の対象について，どのように考えるか。

- 所有者不特定型について，何らかの形で財産管理を可能とするとして，管理の法的効果を帰属させる主体について，どのように考えるか。

## 第3 現行の財産管理制度の枠組みを前提とした利便性の向上の在り方
### 1 不在者財産管理制度について
#### (1) 申立権者について

民法上，不在者財産管理人の選任申立権が認められている「利害関係人」の解釈についてどのように考えるか。財産管理制度の更なる活用を図るために，申立権者の範囲を拡大することについてはどうか。

（補足説明）

公共事業のために不在者の土地を取得しようとする国や地方公共団体は，土地収用法等に基づく強制収用権を有しているから，不在者の所有する土地につき，土地収用法の事業認定手続等を経ていなくても，「利害関係人」に該当するものと考えられている。

他方，民間事業者が不在者の土地を買収したいとして不在者財産管理人の選任を請求する場合については，事案に応じて判断がされているものと考えられる。下級審裁判例には，売買契約の申込みを受けた者は必ずこれに承諾しなければならない義務を負うものではないから，申立人が単に土地を買収したいというだけでは，不在者の財産管理につき利害関係を有しているものということはできないが，申立人がすでに当該土地を含めた周辺一帯について宅地造成工事をほぼ完了しており（当該土地については所有者の承諾なしに造成したことになる。），その結果，不在者との間に損害賠償その他の法律関係が発生しているものと考えられるという当該事案のもとでは，利害関係があるとするものがある（大分家審昭和49年12月26日家月27巻11号41頁）。

民事における所有者不明土地の利用の円滑化を図る観点からは，不在者の土地を利用・購入したい者を利害関係人として位置付けることが考えられる一方で，不在者本人の利益の保護にも配慮する必要があると考えられるが，法制上の措置の要否を含め，どのように考えるか。

#### (2) 不在者の財産の一部のみを管理することについて

不在者の財産の一部について，財産管理人の選任をすることができるものとすることにつき，どのように考えるか。

（補足説明）

不在者財産管理制度は，実務上，不在者の財産全般の管理を継続する性質のものと理解され，管理人は，選任後，不在者の財産全般の調査をして財産目録を調製しなければならず，財産管理人選任請求の動機となった個別の財産の管理が終了したとしても，他の財産が残存している限り，財産管理手続を終了することは制度的に予定されていないと解されている。

これに対して，不在者が生存していることを前提に，その総財産のうち判明している財産を管理するという不在者財産管理制度の建前からすれば，不在者の財産全般を調査し，その管理を継続する必要は必ずしもないとの指摘がある。

家事事件手続法第147条は，財産の管理を継続することが相当でなくなったことを財産管理人の選任処分の取消事由とし，財産の管理の必要性や財産の価値に比して管理の費用が不相当に高額である場合にはこのような取消事由に該当すると解されており，ある意味では不在者の財産の一部の管理を可能にしていると評価することもできる。

　他方，不在者の財産の一部を管理することとした場合には，例えば，比較的価値の高い土地のみが管理対象とされ，価値の低い土地が放置されることになるとも考えられる点については，「物」に着目した財産管理制度と共通する部分がある。

　また，管理の対象となった一部の財産が処分された場合，その対価として得られる金銭その他の利益は，不在者が帰来した際に返還されるべき性質のものであるとともに，不在者が帰来しない場合であっても，管理の対象とならなかった財産の管理費用の原資となり得るものであるから，その確保のための方策を検討する必要もある。

　以上を踏まえ，不在者の財産の一部についての財産管理人の選任をすることができるものとすることにつき，法制上の措置の要否を含め，どのように考えるか。

(3) その他

　その他，不在者財産管理制度について検討すべき事項として，どのようなことが考えられるか。

2　相続財産管理制度について

(1) 相続人の存在することが明らかでない場合の規律について

　相続人のあることが明らかでない場合に，直ちに相続財産を法人として清算に向けた手続を行うこととする現行法の規律について，どのように考えるか。

(補足説明)

　民法上，相続人のあることが明らかでないときは，相続財産は法人とされ（民法第951条），利害関係人又は検察官の請求により，家庭裁判所が相続財産管理人を選任し，相続財産管理人は，相続人を捜索しつつ相続財産を管理・清算し，なお残余財産があるときは，その財産は国庫に帰属することとされている（民法第952条，第957条，第958条，第959条）。

　相続人のない相続財産は，最終的に国庫に帰属させる必要があり，そのためにも清算手続を設けることが不可欠であるが，現行の相続財産管理制度においては，相続人のあることが明らかでない場合に直ちに相続財産法人が成立するとされ，利害関係人が，相続財産の一部のみについて管理を行いたい場合でも，すべての相続財産の清算に向けた手続を行う必要があり，管理人の選任費用等の負担が相当大きいとの指摘がある。

　また，相続人のあることが明らかでないときに相続財産を法人とするという制度の建付けについても，立法技術として優れたものとはいえないとの指摘がある。海外法制においては，相続人不存在の場合に相続財産を法人とする規律を採用しない国も多く（ドイツ，フランス，イギリス），ドイツにおいては，①相続人の存否が不明の場合と②相続人の不存在が確認された場合に異なる規律を設け，②の場合に清算を行う

ものとされている。
　以上を踏まえ，相続人があることが明らかでない場合に，直ちに相続財産を法人として，清算のための手続を行うこととする現行法の規律について，どのように考えるか。
(2) 相続財産の一部のみを管理することについて
　**相続人のあることが明らかでないときに，相続財産の一部についての財産管理人の選任をすることができるものとするとともに，当該財産管理人は相続人の捜索等の清算に向けた業務をしないものとすることについて，どのように考えるか。**
(補足説明)
　家事事件手続法は，相続財産管理人選任事件において，財産の管理を継続することが相当でなくなったことを財産管理人の選任処分の取消事由としている（家事事件手続法第208条，第125条第7項）。
　未清算の相続財産の価格が僅少になったこと等を理由に「財産の管理を継続することが相当でなくなった」として処分を取り消すことの可否については争いがあるが，相続財産が山林や原野などのおよそ換価の見込みも境界確定の見込みもない不動産のみである場合において，申立人や関係者が選任処分の取消しについて異議がない事案につき，管理が継続することが相当でなくなったとして取消しをした例があるとされている。このような取扱いは，ある意味では相続財産の一部の管理を可能にしていると評価することもできる。
　なお，相続財産管理人選任事件と同様に清算を行う手続である清算人選任申立事件（会社法第478条第2項）においては，裁判所が，清算人に対して会社法が規定する清算手続のすべてを履践することを求めず，申立人が目的とする清算業務のみを行い，当該業務が終了した時点で，非訟事件手続法第59条第1項により選任決定を取り消して当該清算人の業務を終了させる例がある（スポット運用。「新しい非訟事件手続法と大阪地裁商事部の運用，第2回清算に関する件」金融法務事情1965号88頁以下）。
　他方，相続財産の一部を管理することとした場合には，例えば，比較的価値の高い土地のみが管理対象とされ，価値の低い土地が放置されて，土地の管理不全を悪化させることになるとも考えられる点については，「物」に着目した財産管理制度と共通する部分がある。
　また，管理の対象となった一部の財産が処分された場合，その対価として得られる金銭その他の利益は，相続人が判明した際に返還されるべき性質のものであるとともに，相続人がいない場合であっても，管理の対象とならなかった財産の管理費用の原資や国庫に帰属すべき財産となり得るものであるから，その確保のための方策を検討する必要もある。
　以上を踏まえ，相続財産の一部についての財産管理人の選任をすることができるものとするとともに，当該財産管理人は相続人の捜索等の清算に向けた業務をしないものとすることについて，法制上の措置の要否を含め，どのように考えるか。
(3) 申立権者について
　民法上，相続財産管理人の選任申立権が認められている「利害関係人」の解釈につ

いてどのように考えるか。財産管理制度の更なる活用を図るために，申立権者の範囲を拡大することについてはどうか。
（補足説明）
不在者財産管理人の選任申立権者についての補足説明を参照（前記1(1)）。

(4) 公告期間について
相続財産管理の手続において定められている公告期間の短縮について，どのように考えるか。
（補足説明）
相続財産管理制度においては，まず，①家庭裁判所が相続財産管理人の選任公告を行い（民法第952条第2項），②この公告後2か月以内に相続人のあることが明らかにならなかったときに，相続財産管理人が，相続債権者及び受遺者に対して2か月以上の期間を定めて請求申出を求める公告を行い（民法第957条第1項），③さらに，②の期間満了後，請求に基づき，家庭裁判所が6か月以上の期間を定めて相続人捜索の公告を行うこととされている（民法第958条）。

したがって，現行法のもとでは，相続財産管理の公告期間として，少なくとも合計10か月以上の期間を要することとなるところ，この期間は過度に長期であるとの指摘があるが，公告期間を短縮することは可能か。

短縮するとして，どの部分をどの程度短縮することが考えられるか。

※ 参考
・失踪宣告の手続における不在者による生存の届出の期間，不在者の生死を知る者による届出の期間（民法第30条，家事事件手続法第148条第3項第2号，第4号）
普通失踪の場合（民法第30条第1項）：3か月以上
危難失踪の場合（民法第30条第2項）：1か月以上
・破産手続における破産債権の届出期間（破産法第31条第1項，破産法規則第30条第1項第1号）
特別の事情がある場合を除き2週間以上4か月以下（知れている破産債権者で日本国内に住所，居所，営業所または事務所がないものがある場合には，4週間以上4か月以下）

(5) その他
その他，相続財産管理制度について検討すべき事項として，どのようなことが考えられるか。

第4 その他
その他，財産管理制度の在り方について，見直しを検討すべき点はないか。

研究会資料6－2

## 登記手続の簡略化について(2)

時効取得を原因とする登記手続について，簡略化すべき点はないか。

第1　いわゆる所有者不明土地問題の解決に向けて，時効取得を原因とする登記手続を簡略化することについて，どのように考えるか。
（補足説明）
1　時効取得を原因とする登記手続
　　取得時効による所有権の取得について，一般には原始取得であると考えられているが，既に所有権の登記がされている不動産の場合には，時効取得を原因とする登記は，所有権の移転の登記の形式によるものとされている（明治44年6月22日付け民事第414号司法省民事局長回答・登記関係先例集（上）308頁，大連判大正14年7月8日民集4巻412頁，大判昭和2年10月10日民集6巻11号558頁（注）参照）。
　　時効取得を原因とする所有権の移転の登記は，登記権利者及び登記義務者の共同申請による（不動産登記法第60条）。登記義務者の協力が得られない場合には，登記義務者を相手方として所有権移転登記手続請求訴訟を提起し，その勝訴判決を得て，単独で申請することとなる（同法第63条第1項）。
　　また，登記原因は「時効取得」であり，登記原因の日付は時効の遡及効（民法第144条）を理由に時効の起算日（占有の開始日）とされている（不動産登記記録例（平成28年6月8日付け民二第386号民事局長通達）220参照）。
　　なお，所有権の登記がされていない不動産の場合には，時効取得を原因とする所有権取得の登記は，所有権の保存の登記の形式による。
　　（注）大判昭和2年10月10日民集6巻11号558頁は，「時効ニ因ル不動産ノ所有権取得ノ場合ニ其ノ取得当時ノ所有者ハ取得者トノ関係ニ於テ伝来取得ノ当事者タル地位ニ存スルモノト看做サレ（中略）而シテ其ノ所有権ノ取得登記ハ移転登記ノ方法ニ因ルベキ」であると判示する。

2　時効取得を原因とする登記手続の簡略化
　　長期間にわたり相続登記がされていない土地の中には，共同相続人のうちの一人が，明示的な遺産分割をすることなく，土地の全部を長年にわたり事実上の支配としての占有をしているものがあると指摘されている。このような場合に，時効取得を原因とする所有権の移転の登記手続を簡略化することは，所有権の登記を促進し，登記と実体を一致させることに寄与するものと考えられる。
　　また，所有権の登記名義人の所在が知れない場合に，取得時効によって土地の所有権を取得した者による時効取得を原因とする所有権の移転の登記手続を簡略化することも，同様である。
　　その他，いわゆる所有者不明土地問題の解決に向けて，時効取得を原因とする登記手続を簡略化することについて，どのように考えるか。

第2 共同相続人の一部の者による時効取得を原因とする所有権の移転の登記手続の簡略化について、どのように考えるか。
（補足説明）
1 共同相続人の一部の者による取得時効の成立について
　共有者の一人が単独で共有物全部を占有している場合であっても、他の共有者の持分については権限の性質上客観的にみて所有の意思がなく、占有者に単独所有者としての意思はないと解されている。そのため、共有者の一人が単独で共有物全部を永年にわたり占有している場合であっても、原則として、共有物全部についての取得時効は成立しないと解されている（大判昭和6年6月2日裁判例（五）民99頁、大判昭和12年11月17日判決全集4輯23号7頁参照）。共同相続人の一人が相続財産につき単独で事実上の支配としての占有をしている場合においても、同様に解されている。
　このような占有を自主占有に転換させるためには、民法第185条の要件を具備する必要があり（注1）、原則として、共同相続人の一人が単独で相続財産を現実に占有している場合であっても、他の共同相続人に対し、単独所有者としての占有をすることを表示しない限り、その占有は自主占有にならないこととなる。
　もっとも、最判昭和47年9月8日民集26巻7号1348頁（以下「最高裁昭和47年判決」という。）は、共同相続人の一部が、①単独に相続したものと信じて疑わず、②相続開始とともに相続財産を現実に占有し、③その管理、使用を専行してその収益を独占し、④公租公課も自己の名でその負担において納付してきており、⑤これについて他の相続人が何ら関心を持たず、もとより異議を述べた事実もなかったような場合には、上記相続人はその相続のときから自主占有を取得したものと判断している（注2）。これは、このような場合には、外観上他の共同相続人に対し黙示的に自主占有の意思を表示したものとして、自主占有が肯定されたものと考えられている（最解昭和47年度民事編701頁参照）。
（注1）相続が民法第185条にいう「新たな権原」に当たるかどうかについては、相続人が、被相続人の死亡により、相続財産の占有を承継したばかりでなく、新たに相続財産を事実上支配することによって占有を開始し、その占有に所有の意思があると見られる場合においては、被相続人の占有が所有の意思のないものであったときでも、相続人は同条にいう「新たな権原」により所有の意思をもって占有を始めたものと解されている（最判昭和46年11月30日民集25巻8号1437頁参照）。
（注2）最高裁昭和47年判決は、旧法の家督相続制度の下における遺産相続に関する事案であるが、共同相続の場合にも妥当し、被相続人に婚外子がいる場合や他人の籍に届け出られた共同相続人がいる場合などに適用があるとされている（最解昭和47年度民事編703頁参照）。このほか、最高裁昭和47年判決が示した①から⑤までの全ての要素を備えない場合であっても、自主占有を認めることができる場面があるかどうか等については、検討の余地がある。

2 共同相続人の一部の者による時効取得を原因とする所有権の移転の登記手続の簡略化の可否
　土地を時効取得した一部の共同相続人が、その時効取得を原因とする所有権の移

転の登記手続をするためには，他の共同相続人と共同して申請する必要がある。もっとも，最高裁昭和47年判決は，共同相続人に自主占有が認められるための要素として，⑤他の相続人が何ら関心を持たず，異議を述べた事実もないことを求めており，このような関心を持たない相続人に，登記申請の協力を求めることは必ずしも容易ではない。その協力が得られない場合には，時効取得した共同相続人は，他の共同相続人を相手方として所有権移転登記手続請求訴訟を提起し，その勝訴判決を得る必要があるが，価値が低い土地などについては，費用対効果の観点から訴訟を提起せず，所有権の移転の登記がされないまま放置され，所有者不明土地が解消されない要因となる。

そこで，共同相続人の一部の者による時効取得を原因とする所有権の移転の登記手続を簡略化する方策として，例えば，時効取得した共同相続人が，判決を得なくとも，単独で時効取得を原因とする所有権の移転の登記の申請を可能とする仕組みの創設が考えられるが，どうか。また，このような仕組みを設けることを検討するに当たって，どのような課題があるか。

## 第3 登記義務者の所在が知れない場合の時効取得を原因とする所有権の移転の登記手続の簡略化について，どのように考えるか。

（補足説明）
1 登記義務者の所在が知れない場合の時効取得を原因とする登記手続について

時効取得を原因とする所有権の移転の登記は，登記権利者及び登記義務者の共同申請によるが，登記義務者の所在が知れない場合に，所有権の登記名義人が不在者であるときは不在者財産管理人の，所有権の登記名義人が既に死亡しており，相続人のあることが明らかでないときは相続財産管理人の選任の申立てを行い，その選任の審判を受けた上で，不在者又は相続財産法人を相手方とする所有権移転登記手続請求訴訟を提起し，勝訴判決を得て，単独で申請することとなる（不動産登記法第63条第1項）。そのようなこともあって，価値が低い土地などについては，時効取得した者が，費用対効果の観点から，管理人の選任の申立てや訴訟を提起せず，所有権の移転の登記がされないまま放置され，所有者不明土地が解消されない要因となり得る。

2 登記義務者の所在が知れない場合の時効取得を原因とする所有権の移転の登記手続の簡略化の可否

不動産登記法第70条第1項及び第2項は，登記義務者の所在が知れない場合の登記の抹消について，非訟事件手続法第99条に規定する公示催告の申立てを行い，同法第106条第1項に規定する除権決定があったときは，登記権利者が単独で登記の抹消を申請することができる旨を規定しているが，これらの規定を所有権の移転の登記に適用することはできない。

もっとも，取得時効による所有権の取得が原始取得であることを重視すれば，時効取得を原因とする所有権の移転の登記は，従来の所有権の登記の抹消と新たな所有権の保存の登記の実質を備えているものと考えることもできる。

そこで，これらの規定を参考にして，例えば，登記義務者の所在が知れない場合に，登記権利者が単独で時効取得を原因とする所有権の移転の登記申請をすることができるような手続を設けることが考えられるが，どうか。また，このような手続を設けることを検討するに当たって，どのような課題があるか。

## 第4　その他，時効取得を原因とする所有権の移転の登記手続について，どのような簡略化が考えられるか。

（補足説明）
　例えば，現在の登記実務においては，時効起算日前に所有権の登記名義人が死亡し，その相続登記が未了の場合には，時効取得を原因とする所有権の移転の登記の前提として，相続人への相続による所有権の移転の登記を要するものとされている（登記研究455号89頁質疑応答6639参照）。しかし，時効取得による所有権の取得が原始取得であることを重視すれば，当該相続による所有権の移転の登記を経ることは煩瑣ではないかとの指摘もあるところ，登記手続の簡略化の観点から，検討すべき点はないか。
　その他，時効取得を原因とする所有権の移転の登記手続について，簡略化を検討すべき点はないか。

登記制度・土地所有権の在り方等に関する研究会第7回会議　議事要旨

第1　日時　平成30年5月28日（月）18：00～21：00
第2　場所　きんざいセミナーハウス2階第2研修室
第3　出席者（役職名・敬称略）
　座長　山野目章夫
　委員　沖野眞已，垣内秀介，加藤政也，金親均，佐久間毅，鈴木泰介，橋本賢二郎，松尾弘，山本隆司
　関係官庁　最高裁判所，国土交通省，農林水産省，林野庁，財務省，法務省
第4　議事概要
　1　開会
　2　本日の議題
　　【共有の在り方】
　　(1)　共有物の管理等
　　　・　共有によって生ずる問題の解決は基本的に共有物の利用・管理の利便性の向上ではなく共有の解消を容易にすることによって解決すべきであり，共有物の利用・管理の利便性を大幅に向上させることについては疑問がある。
　　　・　共有の状態が続かざるを得ない場合もあるから，共有物の利用・管理の利便性を向上させることは重要である。
　　(2)　共有物の管理権者
　　　・　共有物についての一定の権限を有する管理権者を置くことについては，管理権者の選任について共有者全員の同意を得ることができないケースを想定し，不在者財産管理人などの選任と同様に，裁判所が管理権者を選任することについても検討すべきである。
　　　・　共有者に複数の不在者がいる場合に1人の管理権者を選任することができるとすることについては，利益相反の観点からも検討する必要がある。
　　(3)　共有持分の移転等
　　　・　裁判所による共有物分割以外の方法として，共有者の一部が不明である場合に他の共有者が相当の償金を支払って不明共有者の持分を取得することができるとすることについては，共有者の持分割合が判明しているケースと共有物であることは判明しているがその持分割合が判明していないケースを分けて議論をすべきである。
　　　・　共有者の一部が持分の移転に反対しているケースや不明共有者の持分が過半数を超えているケースで他の共有者が相当の償金を支払って不明共有者の持分を取得することができるとすることについては慎重であるべきである。
　　　・　他の共有者が相当の償金を支払って不明共有者の持分を取得することができるとすることについては，その持分の取得だけでなく登記の移転についても裁判所の関与なく行う方法を検討すべきである。
　　(4)　共有物の取得時効

- 共有者の１人が共有物を長期間占有している場合に，取得時効等を理由に無償で他の共有者の持分を取得することについては，取得時効の時効期間の起算点をどのように設定するのかが問題になる。
(5) 共有物分割
- 裁判による共有物分割に関し，共有物分割の方法に関する判例の内容と民法の文言が乖離しているので，判例の内容を民法に明記すべきである。
- 裁判による共有物分割に関し，現物分割が原則であり全面的価格賠償などの方式が例外であることについても見直すことを検討すべきである。
(6) 遺産共有の解消の在り方等
- 遺産共有の状態がいつまでも続くのは問題であり，遺産共有の状態にある土地につき，遺産分割を促進し，遺産共有を解消する方策として，遺産分割に期間制限を設け，この制限を徒過した場合には，遺産共有の状態にあった財産を通常の共有に移行させる方策を設ける方向で更に検討する必要がある。
- 遺産分割に期間制限を設け，この制限を徒過した場合には，遺産共有の状態にあった財産を通常の共有に移行させる方策の対象を不動産のみに限定すると，その余の遺産の分割で具体的相続分に沿った財産を分配することが困難なことも多いので，その対象を不動産に限定すること等には慎重であるべきである。
- 遺産分割協議中の期間の進行など期間制限の在り方については慎重に検討すべきである。

【登記の公開の在り方等】
(1) 登記名義人等の特定方法の見直し
- 閲覧に供しないのであれば，登記名義人等を特定するための要素として，性別，本籍，生年月日や特定の個人を識別するための符号その他の情報等，特定に有益な情報を幅広く保有してもよいのではないか。
- 正確性を担保するという観点からは，特定に有益な情報は保有しておくべきであるといえる。これに対し，個人情報保護の観点からすれば，公開しないとしても保有する情報は保有目的との関係で必要な限度にとどめるべきであり，個人を識別するための符号等によって個人の特定を完全に網羅することができるのであれば，それで足りるのではないか。
- 個人を識別するための符号等によってどこまで不動産登記と戸籍等との情報連携ができるかについて全体像を示す必要がある。
- 個人を識別するための符号等による不動産登記と戸籍等との情報連携は，将来発生する相続については有効であるものの，過去に発生した相続については役に立たない。
(2) 登記名義人等に関する登記事項及び公開の在り方の見直し
- 例えば，利害関係の大きい者には，登記原因に係る情報まで公開するなど，情報の公開を受ける者の利害関係の大小により，公開する情報の範囲に差を設けてはどうか。
- 登記名義人等本人の希望がある場合には，その住所を非公開とすることや，公開請求がされた場合には登記名義人等に通知して公開の可否についての承諾を得

ることなど，主観的な面から公開の在り方を考えることもあり得る。その場合には，事務手続の負担上，どこまで対応することができるかも問題である。
- 仮に登記名義人の住所を非公開としても，建物の種類が居宅である場合には，住所が推測されることもある。
- 登記はもともと公示のための制度であるので，住所が推測されたとしてもやむを得ない面があるのではないか。
- 公示を前提とする登記制度が創設された当時は，公示することに対してあまり抵抗がなかったかもしれないが，時代が変わり，人々の意識も変化しているので，公示機能と個人情報保護のバランスの観点から，公示の在り方について検討する必要がある。
- 誰に対し，どの範囲の情報まで公開するかについては，ＤＶ被害者等の住所に係る特例的な取扱い（平成25年12月12日民二第809号民事第二課長通知，平成27年3月31日民二第196号民事第二課長通知，同日民二第198号民事第二課長通知参照）を一般的に拡大していくべきではないか。

3 閉会

研究会資料7－1

共有の在り方について

第1 共有物の管理等
 1 共有物の管理権者
  共有物がある場合に，共有物についての一定の権限（又は共有物の全ての共有者の共有物に関する一定の代理権）を有する管理権者を置くことについて，どのように考えるか。

(補足説明)
 (1) 共有物に関して第三者が契約などをする際には，例えば，持分の過半数の同意を得るため，複数の共有者と交渉等をしなければならないことがあるが，このような場合には，第三者は，複数の者の所在等を探索するなどの手続上の負担を負うことになる。また，共有物を単独で利用している共有者が当該共有物につき改良行為を行う際にも，複数の共有者と交渉等をしなければならないことがあるが，その共有者は同様に負担を負うことになる。
  このような負担を回避するために，あらかじめ，共有物について管理を行うべき者を選任しておき，その者に一定範囲の権限を与えておくことが考えられるが，現在の民法には明文の定めがないため，解釈上認められるとしても，このような管理権者を選任するには，共有者全員の同意が必要とも解される。
  そこで，一定の多数決により，共有物についての一定の権限（又は共有物の全ての共有者の共有物に関する一定の代理権）を有する管理権者を置くことを可能とすることについて，どのように考えるか。
  上記の制度の検討に当たっては，①管理権者の資格要件（共有者のうちの一人とするか），②選任・解任の手続や多数決要件，③管理権者の権限の範囲や訴訟追行権，④管理権者の義務等について，具体的に論点を整理していく必要がある。
 (2) 現行法制上，共有物について一定の権限を有する者を定める制度としては，船舶管理人（商法第699条）のほか，区分所有建物の共用部分等に関する管理者（区分所有法第25条）等がある。また，民法第668条は，組合契約において，組合財産は，総組合員の共有に属するとするが，組合契約においても，業務執行者を定めることができる（同法第670条等）
  また，外国法制においても，土地の共有に関して，管理権者の選任を認める例がある（フランス）。
 (3) なお，不動産が共有である場合としては，㋐民法第249条以下の共有（以下「通常の共有」という。）の状態，㋑民法第898条の共有（以下「遺産共有」という。）の状態，㋒通常の共有と遺産共有が併存している状態があるが，これらの区別も意識して検討する必要がある（以下，第1及び第2において同じ。通常の共有と遺産共有の異同については，第3の補足説明3を参照）。
  また，検討対象を「土地」又は「不動産」に限定することも考えられるが，どのように考えるか（以下，第1及び第2において同じ）。

※　参考
　○商法
　　第699条　船舶共有者ハ船舶管理人ヲ選任スルコトヲ要ス
　　　2　船舶共有者ニ非サル者ヲ船舶管理人ト為スニハ共有者全員ノ同意アルコトヲ要ス
　　　3　船舶管理人ノ選任及ヒ其代理権ノ消滅ハ之ヲ登記スルコトヲ要ス
　　第700条　船舶管理人ハ左ニ掲ケタル行為ヲ除ク外船舶共有者ニ代ハリテ船舶ノ利用ニ関スル一切ノ裁判上又ハ裁判外ノ行為ヲ為ス権限ヲ有ス
　　　一　船舶ノ譲渡若クハ賃貸ヲ為シ又ハ之ヲ抵当ト為スコト
　　　二　船舶ヲ保険ニ付スルコト
　　　三　新ニ航海ヲ為スコト
　　　四　船舶ノ大修繕ヲ為スコト
　　　五　借財ヲ為スコト
　　　2　船舶管理人ノ代理権ニ加ヘタル制限ハ之ヲ以テ善意ノ第三者ニ対抗スルコトヲ得ス
　○建物の区分所有等に関する法律
　　（選任及び解任）
　　第25条　区分所有者は、規約に別段の定めがない限り集会の決議によつて、管理者を選任し、又は解任することができる。
　　　2　管理者に不正な行為その他その職務を行うに適しない事情があるときは、各区分所有者は、その解任を裁判所に請求することができる。
　　（権限）
　　第26条　管理者は、共用部分並びに第二十一条に規定する場合における当該建物の敷地及び附属施設（次項及び第四十七条第六項において「共用部分等」という。）を保存し、集会の決議を実行し、並びに規約で定めた行為をする権利を有し、義務を負う。
　　　2　管理者は、その職務に関し、区分所有者を代理する。第十八条第四項（第二十一条において準用する場合を含む。）の規定による損害保険契約に基づく保険金額並びに共用部分等について生じた損害賠償金及び不当利得による返還金の請求及び受領についても、同様とする。
　　　3　管理者の代理権に加えた制限は、善意の第三者に対抗することができない。
　　　4　管理者は、規約又は集会の決議により、その職務（第二項後段に規定する事項を含む。）に関し、区分所有者のために、原告又は被告となることができる。
　　　5　管理者は、前項の規約により原告又は被告となつたときは、遅滞なく、区分所有者にその旨を通知しなければならない。この場合には、第三十五条第二項から第四項までの規定を準用する。
　○民法（民法の一部を改正する法律（平成29年法律第44号）による改正後）
　　（組合財産の共有）

第668条　各組合員の出資その他の組合財産は、総組合員の共有に属する。
（業務の決定及び執行の方法）
第670条　組合の業務は、組合員の過半数をもって決定し、各組合員がこれを執行する。
2　組合の業務の決定及び執行は、組合契約の定めるところにより、一人又は数人の組合員又は第三者に委任することができる。
3　前項の委任を受けた者（以下「業務執行者」という。）は、組合の業務を決定し、これを執行する。この場合において、業務執行者が数人あるときは、組合の業務は、業務執行者の過半数をもって決定し、各業務執行者がこれを執行する。
4　前項の規定にかかわらず、組合の業務については、総組合員の同意によって決定し、又は総組合員が執行することを妨げない。
5　組合の常務は、前各項の規定にかかわらず、各組合員又は各業務執行者が単独で行うことができる。ただし、その完了前に他の組合員又は業務執行者が異議を述べたときは、この限りでない。
（組合の代理）
第670条の2　各組合員は、組合の業務を執行する場合において、組合員の過半数の同意を得たときは、他の組合員を代理することができる。
2　前項の規定にかかわらず、業務執行者があるときは、業務執行者のみが組合員を代理することができる。この場合において、業務執行者が数人あるときは、各業務執行者は、業務執行者の過半数の同意を得たときに限り、組合員を代理することができる。
3　前二項の規定にかかわらず、各組合員又は各業務執行者は、組合の常務を行うときは、単独で組合員を代理することができる。

2　共有者全員が合意しない限りすることができない共有物の利用方法
(1)　共有物の利用方法のうち一定の範囲のもの（共有物の変更・処分）については，共有者全員が合意しない限りすることができないと解されていることに関し，その範囲等につき見直すべき点はあるか。

（補足説明）
　ア　共有物の管理に関する事項は，各共有者の持分の価格に従い，その過半数で決する（民法第252条）。もっとも，「変更」については，各共有者は，他の共有者の同意を得なければすることができず，他方で，「保存行為」については，各共有者がすることができるとされている（民法第251条・第252条）。
　　なお，共有者全員が合意しない限りすることができないものを画する概念としては，一般に，法文上の概念である「変更」（民法第251条）と，講学上の概念である「処分」が用いられている。
　イ　例えば，最終的には事案ごとの判断になるが，農地を宅地に造成することや，土地の分筆登記申請をすること（昭和37年3月13日付け民事三発第214号民事局第

三課長電報回答）は，「変更」に当たると解されている。
　　また，共有物を賃貸することが管理に関する事項に当たるとする判例もあるものの（最判昭和39年1月23日集民71号275頁），例えば，民法第602条所定の期間を超える期間を賃貸期間とする賃貸借は，通常，共有者全員が合意しない限りすることができないと解されている。
　　他方，農業経営基盤強化促進法等の一部を改正する法律（平成30年法律第23号）による改正により，農用地利用集積計画においては，共有持分の過半を有する者の同意があれば，全員の同意がなくとも，20年間以内の期間について貸付けが可能とされている（改正農業経営基盤強化促進法第18条第3項第4号参照）。
　ウ　共有者の一部が他の共有者が提示する利用方法に反対している場合に関し，例えば，適切な利用方法を提示しているにもかかわらず，共有者の一部が合理的な理由なく反対をしているケースにおいては，一定の多数決で，当該利用方法に従って当該共有物を利用することを許容してもよいのではないかという指摘がある（共有者の一部が不明である場合については，下記(2)参照）。
　　しかし，何をもって当該利用方法が適切であるとし，反対者の反対に合理的理由がないと判断するかの判断は容易ではなく，このようなケースでは，共有関係を解消することにより解決を図るしかないとも考えられる。
　エ　以上を踏まえ，共有者全員が合意しない限りすることができないものの範囲等に関して，見直すべき点はあるか（注1）（注2）（注3）。
（注1）共有物全体を売却することも共有者全員の合意がない限りすることができないと解されているが，これは，共有持分権を第三者に移転するものであり，当該共有者が共有持分権を失うこととなる点で他のものと区別すべきものであるので，別途検討することとしている（下記第2の1(2)参照）。
（注2）共有者全員の合意を得ずにした行為に関する法律関係は，例えば，次のとおりである。すなわち，共有者全員の合意を得ることなく共有者の1人が共有物を変更した場合には，他の共有者は，その変更をした共有者に対して，特段の事情がない限り，変更により生じた結果を除去して共有物を現状に復させることを求めることができる（最判平成10年3月24日集民187号485頁）ほか，それによって生じた損害の賠償等を求めることができる。また，共有者全員の合意を得る必要があるにもかかわらず，その合意を得ることなく共有者の1人が第三者に対して共有物を賃貸し，その第三者が当該共有物を利用している場合には，他の共有者は，第三者に対して，損害の賠償等を求めることができる。
（注3）なお，一般的な解釈としては，共有持分権自体を賃借権等の対象とすることはできないと解されている（昭和48年10月13日民三第7694号法務省民事局長回答等参照）。

(2)　共有者の一部が不明である場合（所在不明である場合と共有者の一部を特定することができない場合の両方を含む。以下同じ。）にも，共有者全員の合意がなければとり得ない共有物の利用方法をとることを可能とすることについて，どのように考えるか。

(補足説明)
　ア　共有物の利用方法が変更又は処分に当たる場合，共有者の一部が不明である場合には，共有者間で協議をすることができないため，共有物の利用について他の共有者が大きな制約を受けることとなる。
　　　他方で，不明共有者は，現実に共有物を利用しているものではないから，他の共有者が共有物の利用方法を決定することによって直ちに損害を被るとはいえないとも考えられる。また，不明共有者の所在等がその後に判明し，その不明共有者が当該共有物を現実に利用することを希望したが，当該共有物が変更又は処分されていたことによってその利用が妨げられ，損害を被ったケースや，変更又は処分によって当該共有物の価値が低下して損害を被ったケースもあり得るが，あらかじめ損害相当額の支払を確保しておくことなどによって対応することも考えられる。
　イ　そこで，例えば，共有者の一部が不明であり，共有者間で協議をすることができない場合でも，その他の共有者全員の合意があれば，共有者全員が合意しない限りすることができない共有物の利用方法をとることを可能とすることについて，どのように考えるか。
　　　上記の制度の検討に当たっては，①共有者が他の共有者の不明の事実を確認する方法，②所在等が不明な共有者に生じ得る損害についての対応，③不明共有者の手続保障，④当該利用に反対する共有者がいる場合には当該利用ができないのに，不明共有者の場合にはできるとすることの理論的根拠，⑤第2の1及び3の各方策との関係等について，具体的に論点を整理していく必要があると考えられる。

3　持分の過半数で定めることができるものと単独ですることができるもの
　共有者の持分の過半数で定めることができるもの（共有物の管理に関する事項）や，共有者が単独ですることができるもの（共有物の使用，保存行為）に関して，見直すべき点はあるか。
　また，持分の過半数で定めることができる利用方法をとることに関し，不明共有者の同意があれば持分の過半数に達する場合，又は不明共有者の持分を除く持分の過半数を有する者が同意している場合の取扱いについて，どのように考えるか。

(補足説明)
　ア　民法では，管理に関する事項は，各共有者の持分に従い，その過半数で定めることができる（同法第252条本文）。また，各共有者は，共有物の全部について，その持分に応じた使用をすることができるし（同法第249条），保存行為については単独ですることができる（同法第252条ただし書き）とされているが，それぞれの範囲等につき，見直すべき点はあるか。
　　　なお，相隣関係に関して，所有権の境界を確認する規定を設けることにつき，隣接する土地のいずれかが共有物である場合には，所有権の境界を確認することは保存行為に当たると考えられ，そのような観点からも検討を進めてはどうかという議論があった（第5回研究会）。

これについては，所有権の境界を確認することが保存行為に該当するかどうかという実体法の観点だけでなく，境界を確認する訴訟を行うことについて，手続法の観点からも検討する必要があると考えられる。例えば，判例は，1個の物を共有する数名の者全員が所有権確認訴訟の原告となり，共同所有関係そのものを第三者に対して主張する場合には，共有者全員につき合一に確定する必要があるから，その訴訟の形態はいわゆる固有必要的共同訴訟であり，全共同所有者が訴訟当事者にならなければならないと解している（最判昭和46年10月7日民集25巻7号885頁）。また，土地の境界（筆界）の確定の訴えは，所有権の目的となる土地の範囲を確定するものであり，共有者全員につき判決の効力を及ぼすべきものであることを理由に，共有者の全員が当事者として訴訟に関与することを求めている（最判平成11年11月9日民集53巻8号1421頁）。

イ また，持分の過半数で定めることができる利用方法をとることに関し，不明共有者がいる場合の取扱いについても検討する必要がある。

例えば，共有者が，共有物につき，民法第602条所定の期間を超えない期間を賃貸期間とする短期賃貸借を行いたいが，不明共有者がいるために，持分の過半数の同意を得ることができない場合でも，短期賃貸借を行うことを可能とすることについて，どのように考えるか。

これについては，①所在が判明している共有者は全員同意しているが，当該共有者の持分が過半数に達していないケース，②所在が判明している共有者が，賛成（同意）と反対（不同意）とに分かれているが，不明共有者が同意をすれば同意が持分の過半数に達するケース，③所在が判明している共有者が，賛成（同意）と反対（不同意）とに分かれているが，不明共有者の持分を除く持分の過半数を有する者が同意しているケース等があり得る。①については，不明共有者が同意をすれば全員の同意が得られることになるため，上記2(2)との関係も検討する必要があると考えられる。また，②③については，賛否のいずれが合理的かという判断が必要になるため，上記2(1)ウと同様，共有関係の解消を図るしかないとも考えられる。

## 4 共有者間の特約

特約を締結する際の具体的な方法や，特約の内容の制限，特約の承継や公示方法の在り方など，共有者間の特約に関する規律について，見直すべき点はあるか。

（補足説明）

ア 共有物の内部的な利用方法については，全員の同意又は持分の過半数で定めることができ，その特約は，各共有者を拘束することになる。また，判例（大判大正8年12月11日民録25巻2274頁）は，共有物分割又は共有物の管理に関する特約など共有と切り離すことができない共有者間の権利関係は，共有者の特定承継人にも承継されるとしている。

イ 共有者間の特約の在り方は，共有物の利用に大きく影響を与えるものであるが，その特約を締結する際の具体的な方法や，特約の内容などに関して特段の規定はない。また，特定承継人に対しても共有者間の特約は承継されると解されているが，

特段の公示方法もなく，学説の中には，公示方法もないのに，特約が承継されることに対する異論もあり，また，その承継される特約の範囲についても制限すべきとの指摘もある。
　以上を踏まえ，共有者間の特約に関する規律について，見直すべき点はあるか。

5　その他
　共有物の持分権について，他に検討すべきことはあるか。

## 第2　共有持分の移転・共有の解消方法等
### 1　持分の有償移転
(1)　他の共有者への移転
　共有者の一部が不明である場合に，裁判所による共有物分割以外の方法により，不明共有者以外の共有者が当該不明共有者の共有持分を取得する方法を設けることについて，どのように考えるか。
　例えば，共有者の一部が不明である場合には，他の共有者は，相当の償金を支払って不明共有者の持分を取得することができるとすることについて，どのように考えるか。

（補足説明）
　ア　共有者は，他の共有者との関係で共有物の利用等について制約を受ける場合，共有物分割請求の方法により共有関係を解消することが考えられるが，不明共有者との間では協議することができないため，裁判による共有物分割の方法をとることになる。もっとも，裁判による共有物分割の方法をとる際には，一定の時間を要するし，どのような分割がされるのかは裁判所の裁量的な判断に委ねられているため，予測が困難な面もある。
　　　加えて，特に，共有者の一部が誰であるのかが特定できない場合には，裁判による共有物分割を行うこともできない。
　イ　そこで，共有者の一部が不明である場合に，裁判による共有物分割以外の方法により，不明共有者以外の共有者が当該不明共有者の共有持分を取得する方法を設けることについて，どのように考えるか。
　　　すなわち，民法は，各共有者は，その持分に応じ，管理の費用を支払い，その他共有物に関する負担を負うとしているが，共有者がその義務を履行しないときは，他の共有者は，相当の償金を支払ってその者の持分を取得することができるとしている（民法第253条）。
　　　これは，共有者は，共有関係にあることにより，他の共有者との関係で当然に一定の拘束を受けるが，義務を履行しない者との関係でもそのような拘束を甘受させることは適当ではないためであると解されるが，共有者の一部が不明である場合も，その不明共有者が共有物に関する負担の義務を履行する見込みがなく，他の共有者に拘束を甘受させることは適当ではないとも考えられる。
　　　そこで，例えば，他の共有者は，裁判による分割以外の一定の手続のもと，相当

の償金を支払って，他の不明共有者の持分を取得することができるとすることが考えられる。
　　ただし，このような持分の有償移転制度を検討するに当たっては，①共有者が他の共有者の所在不明の事実を確認する方法，②所在の判明している共有者間における合意の要否及びその要件・手続，③償金の相当性を確保する方策，④持分を取得することができる共有者の決定方法，⑤不明共有者の手続保障等について，具体的に論点を整理していく必要があると考えられる。
ウ　あわせて，このような制度を設ける場合の不動産登記手続の在り方について，どのように考えるか。
　　不明共有者の持分を裁判によらずに取得した共有者であっても，所有権の移転の登記の場面においては，結局，不明共有者を被告として，訴訟を提起し，共有持分の移転登記を命ずる判決を得なければならないこととなる（不動産登記法第60条）が，上記の持分の有償移転制度を設ける場合に，判決によらないで登記を可能とする仕組みを検討する必要はないか。

(2) 第三者への移転
　　共有者の一部が不明である場合に，裁判手続以外の一定の手続のもとで，共有者は，当該不明共有者以外の共有者全員の同意を得れば，当該不明共有者の同意がなくても，当該不明共有者の共有持分権を含めた所有権全部の第三者への移転を可能とすることについて，どのように考えるか。

（補足説明）
ア　共有持分権の法的性質については争いがあるが，判例（最判昭和43年4月4日集民90号887頁等）によれば，共有者が他の共有者の持分を売却することは他人物売買に当たり，本人の同意がない限り有効に処分することはできないと解されている。
　　他方，一般的に，共有者の1人が自己の共有持分のみを売却して得る代金よりも，共有物全体を売却し，その持分割合に応じて受け取る代金の方が高額になるが，共有者の一部が不明である場合，不明共有者の同意が得られないため，所在の判明している共有者全員が共有物全体を売却することを希望しても，裁判による分割で不明共有者の持分を他の共有者が取得するか，財産管理人を選任してその同意を得なければ，共有物全体を売却することができず，不都合であるとの指摘がある。
　　そこで，例えば，共有者の一部が不明である場合には，裁判手続以外の一定の手続の下で，不明共有者が持分に相当する金銭（債権）を取得することができるようにしつつ，他の共有者は，不明共有者以外の共有者全員の同意を得れば，当該不明共有者の同意がなくても，当該不明共有者の共有持分権を含めた所有権全部を第三者に移転することを可能とすることについて，どのように考えるか。
イ　上記の売却制度の検討に当たっては，①共有者が他の共有者の不明の事実を確認する方法，②所在の判明している共有者間における合意の取得手続，③不明共有者に確保される金銭（債権）の額の相当性を確保する方策，④不明共有者の手続保障，

⑤売却に反対する共有者がいる場合には売却できないのに，不明共有者の場合には売却できるとすることの理論的根拠，⑥第1の2及び3の各方策との関係等について，具体的に論点を整理していく必要があると考えられる。

　また，上記の売却制度においては，不明共有者以外の共有者が不明共有者の持分を売却することになるため，所有権の移転の登記をする際に，登記官がどのようにして適法な売却であることを確認するのかや，共同申請主義との関係など，不動産登記手続の在り方についても検討する必要がある。

## 2　持分の無償移転

　共有者の1人が共有物を長期間占有している場合に，取得時効等を理由に無償で他の共有者の持分を取得することについて，どのように考えるか。
　長期間共有物の管理に関与していない不明共有者につき，持分を放棄したものとみなすことについてはどうか。

(補足説明)
(1)　登記手続との関係で前回も取り上げたが（研究会資料6－2参照），取得時効の実体的要件に関し，最判昭和47年9月8日民集26巻7号1348頁は，相続の事案で，共同相続人の1人が単独に相続したものと信じて疑わず，相続開始とともに相続財産を現実に占有し，単独所有者として行動しており，これについて他の相続人が異議を述べなかった場合には，単独で占有する相続人の占有は自主占有であるとする。

　また，最判昭和54年4月17日集民126号541頁は，自主占有が認められるためには，単独で占有する共同相続人が，他に相続持分権を有する共同相続人のいることを知らないため，単独で相続権を取得したと信じて当該不動産の占有を始めた場合など，その者に単独の所有権があると信ぜられるべき合理的な事由があることを要するとする。

　これらによると，単独で土地を占有している共有者が，不動産登記記録上の記載から共有関係の存在を認識しているケースでは，自主占有を認めることは困難であると考えられる。

(2)　もっとも，例えば，単独で占有する共有者が，他の共有者が不明であるため，他の共有者との間で協議を経ずに共有物を利用・占有している場合において，今後も他の共有者が判明しないと考えており，共有物の管理に要した費用も自ら負担し，特に求償等もすることを予定していないケースなどでは，他の共有者が共有持分権を行使しないと信じていたことをもって，自主占有とすることも考えられる。

　そこで，単独で占有している共有者は，不動産登記記録上の記載から共有関係を認識していても，一定の期間の経過により，無償で他の共有者の共有持分を時効取得することができるとすることについて，どのように考えるか。

　なお，このような制度を検討するに当たっては，単独で占有している共有者が，他の共有者は共有持分権を行使しないと信じていたことをどのようにして認定するか等が課題となる。

(3) また，所有権の放棄（研究会資料4-2参照）との関係で，共有者の一部が不明であるときは，不明共有者は持分を放棄したものとみなし，その持分を他の共有者に無償で帰属させるものとすることについて，どのように考えるか（民法第255条参照）。
　なお，共有土地においては，共有者の一部が土地を管理し，その他の共有者は管理に関与しないことが多いと考えられるが，このような制度を検討するに当たっては，その具体的な要件をどのようなものとするのかや，所在が判明しているが管理に関与しない共有者と不明共有者との差異を設けるか，所有権の消滅時効が認められていないこととの関係等が課題となる。
(4) (2)及び(3)の制度を検討するに当たっては，上記1(1)（補足説明）ウと同様，不動産登記手続の在り方についてもあわせて検討する必要がある。

3　共有物分割
　裁判による共有物分割に関する規律の明確化や見直しの要否について，どのように考えるか。

（補足説明）
(1) 裁判による分割については，民法は，現物分割を原則とし，現物を分割することができないとき，又は分割によってその価格を著しく減少させるおそれがあるときは，競売を命ずることができるとする（民法第258条第2項）。
　これに対して，判例は，次の分割方法も認めているが，規律の明確化や見直しの要否について，どのように考えるか。
　○　甲土地・乙土地がいずれもAとBの共有である場合に，一括して分割の対象とし，甲土地をAに，乙土地をBに帰属させる分割方法
　○　共有者の一部の者にだけ現物分割をして共有関係から離脱させ，他の共有者の共有関係は残す分割方法
　○　共有者の一部の者に持分権の価格を上回る現物を取得させるが，その者に，持分権の価格を下回る現物しか取得しない他の共有者に対する超過分の対価の支払を命じる分割方法（いわゆる一部分割賠償）
　○　共有者の1人（又は数人）に現物を取得させ，その者（それらの者）に他の共有者に対する持分権の対価の支払を命じるという方法（いわゆる全面的価格賠償）
(2) 上記の分割方法の関係については，現物分割が原則であり，全面的価格賠償などの方式は例外であると解されているが，全面的価格賠償の要件や原則・例外の関係などについて，見直すべき点はあるか。

第3　遺産共有の解消の在り方等
　遺産共有の状態にある土地につき，遺産分割を促進し，遺産共有を解消する方策について，どのように考えるか。例えば，遺産分割に期間制限を設け，この制限を徒過した場合には，遺産共有の状態にあった財産を通常の共有に移行させる方策について，どの

ように考えるか。

（補足説明）
1　所有者不明土地の多くは，登記名義人である従前の所有者が死亡し，相続により共同相続人の遺産共有となったが，相続登記がされないまま放置され，更に共同相続人が死亡して数次相続が発生していく中で，共同相続人の一部が所在不明状態となって生じたものと考えられる。そして，相続登記がされない理由には様々な場合があると考えられるが，共同相続人間で遺産分割がされずに放置されているために，相続登記がされないケースが多数に上るものと推測される。

　このようなケースにおいて相続登記をし，所有者不明土地を解消するためには，共同相続人全員の間で遺産分割手続をとる必要があるところ，相続の開始後相当期間が経過し，数次相続が生じた場合には，上記のように所在不明の共同相続人が生じやすくなり，手続的な負担が大きくなる上，実体的にも，共同相続人が相互の具体的相続分を的確に把握することが困難になる。また，相続人の一部が不明であれば，遺産分割をするためには，不在者財産管理人の選任などを経なければならなくなる。

　そうなると，例えば，当該土地の購入を希望する者が出てきたときでも，迅速に遺産分割手続を行うことができず，登記の移転等ができないため，購入希望者は当該土地を購入することができなくなり，土地の利用は事実上困難になる。
2　さらに，遺産分割は，被相続人ごとに行うのが原則であるし，協議を行うべき相続人も被相続人ごとに異なり得るため，例えば，ある土地について数次の相続が生じている場合に，その遺産共有の状態を解消するためには，被相続人ごとにそれぞれ遺産分割手続を実施しなければならない。また，遺産分割と通常の共有が混在している場合にも，遺産分割と共有物分割の手続をそれぞれ別個に行わざるを得ない。
3　遺産共有は，遺産分割がされる前の暫定的なものであり，いつまでもこのような状態が継続することは本来望ましいものではないとも考えられる。そこで，遺産分割を促進し，遺産共有を解消する方策について，どのように考えるか。

　例えば，遺産分割に期間制限を設け，この制限を徒過した場合には，遺産共有の状態にあった財産を通常の共有に移行させる方策について，どのように考えるか。

　なお，相続後遺産分割前の遺産共有の状態について，判例は，基本的に通常の共有と変わりがないとするが，実際上の処理においては，種々の違いがある。例えば，通常の共有においては，共有持分は，対外的な関係と対内的な関係とで違いはないと解されるのに対し，遺産共有においては，対外的な関係では共有持分は法定相続分によって定まるのに対し（異説もあるが，裁判実務は，一般にこのように解していると考えられる。），対内的な関係では，特別受益や寄与分を考慮した具体的な相続分に従って処理がされる（例えば，遺産分割は法定相続分ではなく，具体的な相続分に従って分割がされる。）。共有関係の解消の方法も，共有物分割と遺産分割とで異なる手続とされている。

研究会資料7-2

登記の公開の在り方等について

第1 登記名義人等の特定方法の見直し
 1 氏名又は名称及び住所を登記事項として登記名義人等（登記名義人，表題部所有者，担保権の登記における債務者並びに信託の登記における委託者，受託者及び受益者等をいう。）を特定している現在の規律の見直しについて，どのように考えるか。
 （補足説明）
 ⑴ 現在の不動産登記法は，氏名又は名称及び住所を登記事項として，この2要素をもって登記名義人等を特定している（同法第59条第4号，第27条第3号，第83条第1項第2号並びに第97条第1項第1号，第3号及び第4号等）。
  これは，登記記録上登記された権利等を有する主体を明らかにすることが必要であるところ，通常は，その主体は氏名又は名称及び住所をもって特定することができ，かつ，それで足りるためであると考えられる。
 ⑵ もっとも，例えば，氏名及び住所を同じくするA1とA2がいる場合には，上記の2要素のみでは登記名義人等を特定することができない。
  この場合における現在の取扱いでは，同一の登記記録上において，共有者同士が氏名及び住所を同じくする同名異人であるときは，氏名及び住所のほか，生年月日の登記をするのが相当であるとされている（昭和45年4月11日民事甲第1426号民事局長回答）。
  ただし，上記の取扱いは，同一の登記記録上に同名異人が記録される場合のものであるため，A1が建物の所有権の登記名義人，A2が土地の所有権の登記名義人であるときは，不動産登記記録のみをもってA1とA2を区別することは困難となる。
 ⑶ また，所有者不明土地問題に対する対応策の一つとして，新たに，不動産登記と戸籍や法人登記等とを連携させることにより，所有者情報を円滑に把握するための仕組みを構築することが考えられる[1]ところ，不動産登記と戸籍とを円滑に連携させるためには，登記名義人等を特定する方法として，氏名及び住所に加えて，新たな要素を付加することが考えられる[2]。
  さらに，不動産登記と法人登記とを円滑に連携させるに当たっても，同一の所在場所における同一の商号の登記をすることはできない（商業登記法第27条）

---

[1] 平成30年1月19日開催の「所有者不明土地等対策の推進のための関係閣僚会議」においては，関係各省が，「土地所有者情報を円滑に把握する仕組み」として，「例えば，個人・法人の番号システム等を利用して，土地所有者情報を円滑に把握し，行政機関相互で共有する仕組み」を検討することとされている。
[2] 現在の不動産登記法において本籍は登記事項とされていない一方，住所は戸籍の記載事項ではなく，戸籍の附票の記載事項とされている（住民基本台帳法第17条第3号）。

ものの、過去に存在していた法人と名称及び住所を同一とする法人が存在することはあり得るため、登記名義人等を特定する方法として、名称及び住所に加えて、新たな要素を付加することが考えられる。
  (4) 以上のような観点から、氏名又は名称及び住所を登記事項として登記名義人等を特定している現在の規律を見直すことが考えられるが、どうか。

2　上記1の見直しを行う場合には、新たな登記名義人等を特定する方法として、どのようなものが考えられるか。
（補足説明）
  (1) 自然人について
　　自然人の特定方法については、氏名及び住所のほかに、①性別、②生年月日、③本籍、④特定の個人を識別するための符号その他の情報など、様々な要素をもって特定することが考えられる。
　　①性別は、いわゆる基本4情報（氏名、住所、性別及び生年月日）の一つではあるものの、性別そのものは戸籍の記載事項とされていないため、不動産登記と戸籍との連携には必ずしも必要ではないこと等を勘案すると、登記名義人等を特定する要素としては、必ずしも適当ではないと考えられる。
　　②生年月日は、いわゆる基本4情報の一つである上、戸籍の記載事項であり（戸籍法第13条第2号）、現在の取扱いにおいても、同一の登記記録上において、共有者同士が氏名及び住所を同じくする同名異人であるときは、生年月日が特定の要素とされていること等を勘案すると、登記名義人等を特定する要素とすることも考えられる。
　　③本籍は、戸籍の記載事項であり（戸籍法第13条柱書）、不動産登記と戸籍とを連携するために、登記名義人等を特定する要素とすることが考えられる。ただし、外国人等の戸籍を有しない者については、別途、戸籍に代わる要素を検討する必要がある。
　　④特定の個人を識別するための符号その他の情報を登記名義人等の特定要素とすることについては、不動産登記と戸籍との連携を図る観点から、現在、法制審議会戸籍法部会において審議が進められている戸籍事務へのマイナンバー制度導入についての議論の動向を注視して、検討する必要があると考えられる。
  (2) 法人について
　　法人については、名称及び住所に加え、会社法人等番号（商業登記法第7条）をもって特定することが考えられる。ただし、会社法人等番号がない法人については、別途、これに代わる要素を検討する必要がある。

3　上記1の見直しを行う場合に、登記名義人等を特定するための要素として新たに付加する事項を登記事項として公示するかどうかについて、どのように考えるか。
（補足説明）
　　現在の不動産登記法は、氏名又は名称及び住所の2要素をもって登記名義人等を特定し、これを登記事項として記録し、第三者に公開することとしている。

新たに上記の２要素以外の要素を付加して登記名義人等を特定することとした場合に，その要素を登記事項として第三者に公開するかどうかについては，当該要素の性質（一般的に公開されている情報かどうか，公開する必要性があるか等）を考慮して決することが相当であると考えられるが，どのように考えるか。

## 第２　登記名義人等に関する登記事項及び公開の在り方の見直し

登記名義人等の氏名又は名称及び住所を登記事項として，これを公開している現在の規律について，見直す点はないか。

（補足説明）
1. 現在の不動産登記法では，登記名義人等の氏名又は名称及び住所が登記事項として記録され，登記事項証明書等の交付を請求することにより，何人でもこれらの情報を知ることができるとされている（同法第１１９条第１項）。また，申請情報やその添付情報等の登記簿の附属書類については，利害関係を有する部分に限って，閲覧の対象とされている（同法第１２１条第２項）。

    もっとも，配偶者からの暴力の防止及び被害者の保護等に関する法律第１条第２項に規定する被害者等の住所については，同法第２条の趣旨に鑑み，特例的な取扱いがされている（平成２５年１２月１２日民二第８０９号民事第二課長通知，平成２７年３月３１日民二第１９６号民事第二課長通知，同日民二第１９８号民事第二課長通知参照）。

    このような現在の規律について，近時の個人情報に対する国民の意識の高まりを受け，上記の特例的な取扱いを拡大して明文化すること等を含めて，これを見直すことの要否について，どのように考えるか。

    なお，検討に当たっては，不動産に関する権利を公示することにより，国民の権利の保全を図り，もって取引の安全と円滑に資するという不動産登記制度の目的との関係や，一方でより広く登記情報を公開すべきであるとの指摘等もあることに照らしつつ，検討する必要がある。

2. 仮に現在の規律を見直すこととした場合には，例えば，一定の場合には，⑴登記名義人等の氏名又は住所の全部又は一部を登記事項としないこととし，⑵登記事項としない登記名義人等の氏名又は住所については，一定の場合にのみ閲覧することができることとすることが考えられる。

    ⑴ 登記名義人等の氏名又は住所の全部又は一部を登記事項としないこととすることについては，①氏名と住所の一部のみを登記事項とする（例えば，住所につき，町又は大字までとする。），②氏名のみを登記事項とする又は③特定の個人を識別するための符号その他の情報のみを登記事項とするなどの方策が考えられるが，どうか。

    なお，上記①及び②の方策については，建物やその敷地である土地の所有権の登記名義人が住居としている場合には，家屋番号又は地番が明らかになれば住所が特定されてしまうこととなるとの指摘が考えられる。

    また，上記③の方策については，第三者は，所有者の氏名及び住所を知ることができる場合が限定されることから（後記⑵参照），不動産登記の公示機能の

観点から問題がないかとの指摘が考えられる。
(2)　次に，登記事項としない登記名義人等の氏名又は住所については，一定の場合にのみ閲覧することができることとした場合については，これを閲覧するための仕組みを設けて，①本人の許諾があるとき，②利害関係があるとき，③特定の資格を有する者が職務上の理由を開示したとき又は④行政機関からの法令等に基づく求めがあるときに限って閲覧することができるとするなどの方策が考えられるが，どうか。

「登記制度・土地所有権の在り方等に関する研究会」
中間取りまとめの概要

2018年10月17日　第1刷発行

編　者　一般社団法人金融財政事情研究会
発行者　倉　田　　勲
印刷所　三松堂株式会社

〒160-8520　東京都新宿区南元町19
発　行　所　一般社団法人 金融財政事情研究会
　　　　　　　編　集　部　TEL 03(3355)1713　FAX 03(3355)3763
販　　売　株式会社きんざい
　　　　　販売受付　TEL 03(3358)2891　FAX 03(3358)0037
　　　　　　　　　　https://www.kinzai.jp/

・本書の内容の一部あるいは全部を無断で複写・複製・転訳載すること、および
　磁気または光記録媒体、コンピュータネットワーク上等へ入力することは、法
　律で認められた場合を除き、著作者および出版社の権利の侵害となります。
・落丁・乱丁本はお取替えいたします。価格は裏表紙に表示してあります。

ISBN978-4-322-13414-8